中国名村志文化工程
Culture Project of Local Records of China's Famous Villages

上岳村志

LOCAL RECORDS OF SHANGYUE

广东省佛冈县龙山镇上岳村志编纂委员会　编

方志出版社
Publishing House of Local Records

图书在版编目（CIP）数据

上岳村志 / 广东省佛冈县龙山镇上岳村志编纂委员会编. -- 北京：方志出版社，2017.12
（中国名村志丛书）
ISBN 978-7-5144-2783-7

Ⅰ. ①上… Ⅱ. ①广… Ⅲ. ①村史—佛冈县
Ⅳ. ① K296.55

中国版本图书馆 CIP 数据核字（2017）第 305561 号

· 中国名村志丛书 ·

上岳村志

编　　者：广东省佛冈县龙山镇上岳村志编纂委员会
责任编辑：张　颢

出 版 人：冀祥德
出 版 者：方志出版社
地址　北京市朝阳区潘家园东里 9 号（国家方志馆 4 层）
邮编　100021
网址　http://www.fzph.org
发　　行：方志出版社图书经销中心
电话　（010）67110500
经　　销：各地新华书店
排　　版：北京纺印图文设计制作有限公司
印　　刷：北京中科印刷有限公司

开　　本：787 × 1092　1/16
印　　张：15
字　　数：283 千字
版　　次：2017 年 12 月第 1 版　2017 年 12 月第 1 次印刷

ISBN 978-7-5144-2783-7　　**定价**：120.00 元

◉序一

连绵不断地编修地方志是中国独有的优秀文化传统，承担着赓续文明、传承文化的重任。保存至今的8000余种、10万余卷历代方志，蕴含着传统文化基因和海量文化信息，既是中华优秀传统文化的重要组成部分，又是传承、彰显中华优秀传统文化的重要载体。

在各种类型的地方志编纂中，村志编纂古已有之，但从未进入国家层面的地方志编纂序列。新中国成立以来，党中央、国务院高度重视包括村志编纂在内的地方志工作，出台了重要文件。中央领导发表了重要讲话、作出了重要批示。习近平总书记高度重视包括村志编纂在内的地方志工作。2004年10月，他在担任浙江省委书记时到江山市凤林镇白沙村考察，看到村民编纂的《白沙村志》，鼓励村民把村志继续编纂下去。2014年4月，刘延东副总理在与第五次全国地方志工作会议部分会议代表座谈时指出："要结合发展的新形势，加强对地方志包括部门志、行业志、专题志、乡镇村志编纂的业务指导和服务。"2015年8月，国务院办公厅印发的《全国地方志事业发展规划纲要（2015—2020年）》，正式将中国名村志文化工程列为主要任务之一。2017年5月，中共中央办公厅、国务院办公厅印发的《国家"十三五"时期文化发展改革规划纲要》指出："完成省、市、县三级地方志书出版工作。开展旧志整理和部分有条件的镇志、村志编纂。"可以说，村志编纂迎来了历史上的最好时期。

农业、农村、农民"三农"问题，是数千年来影响中国社会发展最核心的问题。中共中央高度重视"三农"工作，从2004年起，连续13年，每年的中央1号文件都聚焦"三农"。中共十九大报告更是提出"农业农村农民问题是关系国计民生的根本性问题，必须始终把解决好'三农'问题作为全党工作重中之重"，特别是提出了"乡村振兴战略"，这是中国共产党在中国特色社会主义进入新时代后，对农村发展问题所做出的准确把握和与时俱进的战略应对，是建设中国特色社会主义强国战略的重要组成部分。改革开放近40年来，在党中央、国务院高度重视社会主义新农村建设的新形势下，各地涌现出一大批历史文化名村、经济强村、新农村建设示范（试点）村、美丽乡村和特色村，成为先进生产力和先进文化的代表。客观记录中国农村全面建成小康社会的进程，向后人展示在中国共产党领导下农村千年未有的巨变，是地方志工作者肩负的光荣而重大的历史使命。编纂中国名村志丛书，是记载当代中国农村发展变革的重要途径。

文化寻根，寻的是其发展的源头和根基。村落是中国传统文化的根基所在。农村的生产生活方式、社会规范、宗族文化、宗教文化、民风习俗、传统节日、民间艺术等，无不镌刻着中国人独特的民族性格，这就是家国情怀、文脉绵延、精神归属。在快速城镇化进程的冲击和开发性破坏下，大量传统村落面临消亡的危机，村落蕴含的历史文化信息也流失殆尽，抢救性保护刻不容缓。编纂中国名村志丛书，是保存村落历史文化信息，抢救、保护村落文化最好的方式。

一方水土养一方人。家乡的山水草木、村间小巷、乡俗民情会在每个人心头留下深刻的烙印，这就是故土情结。而村落的形成与发展离不开人的活动。编纂中国名村志丛书，通过记述村落建筑、名门望族来追溯村落的历史；通过记述村落规模、布局、人口、物产等反映人口来源、宗族兴衰、生活习惯、文化背景、宗教信仰、经济发展等，体现环境与人相互影响、相互作用、相互发展的既矛盾又统一的关系；通过记述戏剧、音乐、舞蹈、美术、文学、手工技艺等文化形式，展示百姓在长期的生产生活实践中摸索和总结出的智慧结晶，强化人们沟通感情的纽带。编纂中国名村志丛书，是传承乡俗、诉说乡音、记住乡愁、纾解乡思，激活历史传统、唤起共同文化记忆、塑造共同心灵认同的重要文化工程。

中国名村志文化工程以践行文化自信、传承中华文脉、彰显时代发展为己任，以打造全国地方志系统的重要品牌为目标，在体裁运用、篇目设置、资料选择等方面进行大量的创新，突出“名”和“特”，拣选各个名村中最值得记述、最具有代表性的人、事、物，予以浓墨重彩的描画，从而形成系列的、高质量的、可读性强、雅俗共赏的地方志读本，让地方志紧接地气、贴近百姓，让地方志成果进入寻常百姓家，让人民群众共享地方志成果，让越来越多的人从地方志中感知传统、历史和记忆，成为传统村落和传统文化的守护者，成为中华优秀文化的传承者。

是为序。

中国社会科学院院长
中国地方志指导小组组长　王伟光
2017年11月

◉ 序二

习近平总书记指出："让居民望得见山，看得见水，记得住乡愁。"这句富有诗意的重要论述不仅唤醒了中国人城镇化建设过程中对于人和自然关系、人和历史关系的思考，同时也引发了学界对"乡愁"进一步进行文化意义解读的兴趣。从本质上看，乡愁是一种源自主体体验的情感，隐含了一种人们带着乡愁追寻自我生存与生命意义、追寻诗意栖居的精神家园的美学思辨。同时，这种追寻自我生存的主体逐渐转向大众群体，乡愁也由传统单一的"文化乡愁""爱国情怀"演变为对于"理想家园"的精神追求。

中国有近 60 万个村庄，约有 5000 个古村落，被住房城乡建设部和国家文物局界定的传统村落就有 1561 个。随着中国城镇化步伐的加快，乡村的版图日渐凋敝，大批农村青壮年劳动力走进城镇，融入了新的生活。然而，每逢传统佳节，那种挥之不去的离愁别绪挟裹着亿万农民工，又融入了返乡的滚滚洪流。这是乡愁的情愫牵动着他们，是故乡的山、故乡的水、故乡的老屋、故乡的小吃在牵动着他们，是故乡家家户户的楹联和口口相传的故事，以及只有在隆重的传统佳节才有的古老的民风习俗在牵动着他们。

文化可以体现一个民族、一个国家、一个社会的重量与体温，这是文化的力量之所在，而村落是传统中国的根脉所系，乡土社会是最能够体现中国传统文化特征的地方。梁漱溟曾指出："中国文化是以乡村为本，以乡村为重，所以中国文化的根就是乡村。"我曾在《建设社会主义新农村的理论与实践》一书中指出，在新农村建设的过程中，必须"保护和发展有地方和民族特色的优秀传统文化，创新农村文化生活的载体和手段，满足农民群众多层次、多方面的精神文化需求"，而编纂村志尤其是实施中国名村志文化工程就是一个重要举措。实施中国名村志文化工程，编纂中国名村志丛书，以最基层的村落为研究对象，寻根传统村落的历史，梳理村落的发展脉络，以唤起人们的归属感和认同感，探索新型城镇化和社会主义新农村建设过程中，如何留住乡音、乡风、乡思，继承传统文化精华，挖掘丰富历史智慧，是贯彻落实中央城镇化工作会议精神和中共十九大提出的“乡村振兴战略”的重要举措，是当前和今后一个时期全国地方志工作者的重要工作。

虽然村落文化正在日益远离当下生活，但我们可以抓住诸如基本村情、文物胜迹、古村保护、特色文化、旅游名胜、村域经济、风土民情、村民生活、新农村建设、艺文杂记、名人与名村等关键内容，通过志书的手法来诠释乡村文化的精华。我们如实记录着村落里的人和事，以及青山绿水、小河大树、袅袅炊烟，力争以最完整、最原真的方式呈现村落的前世今生。我们要为“迷失”的人留住乡村文化的根脉，让人们难以割舍的乡愁得以慰藉和释放。

中国名村志文化工程将触角伸向那些极具代表性的村落，它们有的历史悠久、名人辈出，有的经济腾飞、重获新生，有的风景秀丽、景观独特，有的地处边陲、神秘莫测……我们挖掘中国不同类型村落的发展之路，为探索新型城镇化和社会主义新农村建设的发展经验、发展模式、前进道路提供历史智慧和现实借鉴。因此，打造以重在表现乡村嬗变为主旨的中国名村志丛书十分必要和迫切，这是一项功在当代、利在千秋的文化工程。

近年来，随着中国经济社会的发展和国际地位的提高，越来越多的人想要认识中国、了解中国、研究中国。在这样的形势下，乡村是不可或缺的一环，我们要集中讲好发生在乡村的故事，向世界呈现一个多元的、立体的中国。乡村历经岁月变迁的风雨，见证着改革开放的步伐，寄托着数代中国人的情感。发生在乡村的故事无疑是血肉丰满的、震撼人心的、引起共鸣的。我们应该有这个自信能够讲好乡村故事，讲好中国故事，描绘出中国的底色，“让每一个中国人都能在地方志中找到自己的位置”。

可喜的是，越来越多的有识之士认识到了这一点，加入到保护、传承、发展村落文化的队伍中来。仅就编纂中国名村志丛书来看，第一批的申报范围就涵盖包括香港特别行政区在内的32个地区，申报数量高达70余部。“直笔著信史，彰善引风气，为当代提供资政辅治之参考，为后世留下堪存堪鉴之记述”，这是我们的初心和使命。希望中国名村志文化工程的实施，能够带动更多的人关注中国乡村文化，为社会主义文化强国建设作出更大的贡献。也希望越来越多的名村都来融入继承中华文化传统、颂扬中华传统文化的活动中，让正能量更多地润泽温暖人们的心灵，让更多的人“记得住乡愁”！

是为序。

中国社会科学院副院长
中国地方志指导小组常务副组长　李培林
2017年11月

◉ 中国名村志文化工程专家委员会

◉ 中国名村志文化工程学术委员会

◉ 中国名村志丛书编纂委员会

主　　任　李培林

常务副主任　冀祥德

副 主 任　刘玉宏　邱新立

成　　员（按姓氏笔画排序）

马小彬　毛志华　田　洪　任玉华

刘成典　刘爱军　关树锋　贠有强

李云鹤　李秋洪　杨洪进　吴凤端

何喜清　汪德军　张军利　张志仁

陈华康　陈　玲　陈秋平　易介南

胡满达　洪民荣　姚　红　秦向东

袁建勋　高　煜　梅　宏　鄢钢城

管仁富　廖运建　漆冠山　潘捷军

◉ 中国名村志丛书编纂委员会办公室

主　任　冀祥德

副主任　邱新立

成　员　于伟平　杨海峰　陈　旭　李　江

王丹林　安　山　刘思鸣　丛　珺

宁　芳　张　睿

◉ 广东省中国名村志文化工程工作协作组

组　长　陈华康

副组长　刘　卫

成　员（以姓氏笔画排序）

丁伟志　王　涛　邓翠萍　田　亮　吕汉光　朱正国　朱雄文　刘　波
刘路红　孙少娜　李文蔚　邱家秋　张世开　陈子新　陈　岚　陈宝德
林子雄　罗会明　郑安兴　钟伟基　钟涓泓　洪志勇　姚佑雄　莫秀吉
黄小晶　黄　玲　黄荣超　梁芝铭　彭建伟

联络员　杨　波

◉ 广东省佛冈县上岳村志编纂委员会

顾　　问　刘　卫　邓翠萍　董和平

学术顾问　宫异娟　高常立

主　　任　余爱国

副 主 任　石尚明　王卓越

委　　员　黄方洪　李协湖　谢春江　李阳光　朱清岳

◉ 广东省佛冈县龙山镇上岳村志编辑部

主　　编　李协湖

副 主 编　谢春江

执行主编　李阳光

编　　辑　黄春苗　钟榕斌　朱家佑　陈国材　周翠花　朱清岳　朱国华　朱旷新
何道井　郑中扬

资 料 员　朱贵臻　朱伟初　朱向民　朱日林　朱灿炉　朱汉荣　朱耀强　朱汝梅
朱松龄　朱进初　朱汉森　黄常普　刘贤沛　钟少军　温则凡　黄常远
朱南岳　胡　辉　刘晶晶

镬耳楼倒影（2016 年）　　林红途　摄

◉ 中国名村志丛书凡例

一、以马克思列宁主义、毛泽东思想、邓小平理论、“三个代表”重要思想、科学发展观、习近平新时代中国特色社会主义思想为指导，坚持辩证唯物主义和历史唯物主义的立场、观点和方法，存真求实，全面、客观、系统记述我国村落发展变化进程和改革开放成果，传承和抢救乡土历史文化，激发爱国爱乡情怀，为探索中国特色新型城镇化建设、社会主义新农村建设的发展经验、发展模式、前进道路提供历史智慧和现实借鉴。

二、为全面反映入志事物发展脉络，各志上限尽量追溯至事物发端；下限一般断至各村志启动编修年份，个别重大事项可延至搁笔。

三、记述地域范围以下限年份的行政辖区为主。为体现名村在更大区域内的意义，可以从更开阔的区域视野记述与该村相关的内容。

四、统一采用纲目体，设类目、分目、条目三个层次。横排门类，纵述史实。除《中国名村志丛书基本篇目》要求的必设类目外，其余类目根据各村实际，依照突出时代特色、地方特色的原则自行安排。

五、综合运用述、记、志、传、图、表、录等各种体裁，以志体为主。

六、除引用文字和附录文献资料外，统一使用规范汉字及现代语体文记述体。记事坚持秉笔直书、述而不作，只记事实，不作评论，寓观点于材料之中。行文力求朴实、严谨、简洁、流畅、优美，具有较强可读性。

七、人物部类遵循“生不立传”原则，人物传主按生年排序，只选录对本村发展有重大影响的人物，不面面俱到。

八、所需数据一般采用政府统计部门数据，无政府统计部门数据时选用主管部门正式提供的数据。

九、数字用法、标点符号、计量单位分别执行国家标准《出版物上数字用法》（GB/T 15835—2011）、《标点符号用法》（GB/T 15834—2011）、《国际单位制及其应用》（GB 3100—1993）和《有关量、单位、符号的一般原则》（GB 3101—1993）。历史上使用的计量单位，如斗、石、里、尺、磅、华氏度等，在引文时可照录。考虑到社会使用习惯，全书中亩不统一换算，1 公顷＝ 15 亩。

十、自中华民国成立后的纪年，均使用公元纪年。志中所称“解放前（后）”，以当地解放日为界；“新中国成立前（后）”，以中华人民共和国成立日 1949 年 10 月 1 日为界；“改革开放前（后）”，以中共十一届三中全会召开的 1978 年 12 月为界。本志“×× 年代”，凡未加世纪者，均指 20 世纪的年代。

十一、为节省篇幅，避免重复，本志采用条目互见法。参见条目的表示形式为：参见本志“×× 类目 · ×× 分目 · ×× 条目”。

十二、对旧志、古籍中的繁体字、冷僻字一般用简化字或通用字替换，易引起误解的则保留。

十三、记述各个历史时期的党派、机构、职务、地名等，均以当时的名称为准。对频繁使用的名称，首次用全称，其后用简称。

十四、各村志需要单独说明的事项，均在各自编纂始末中记述。

上岳村在中国的位置

1：32 000 000

审图号：GS（2017）3697 号

上岳村在广东省的位置

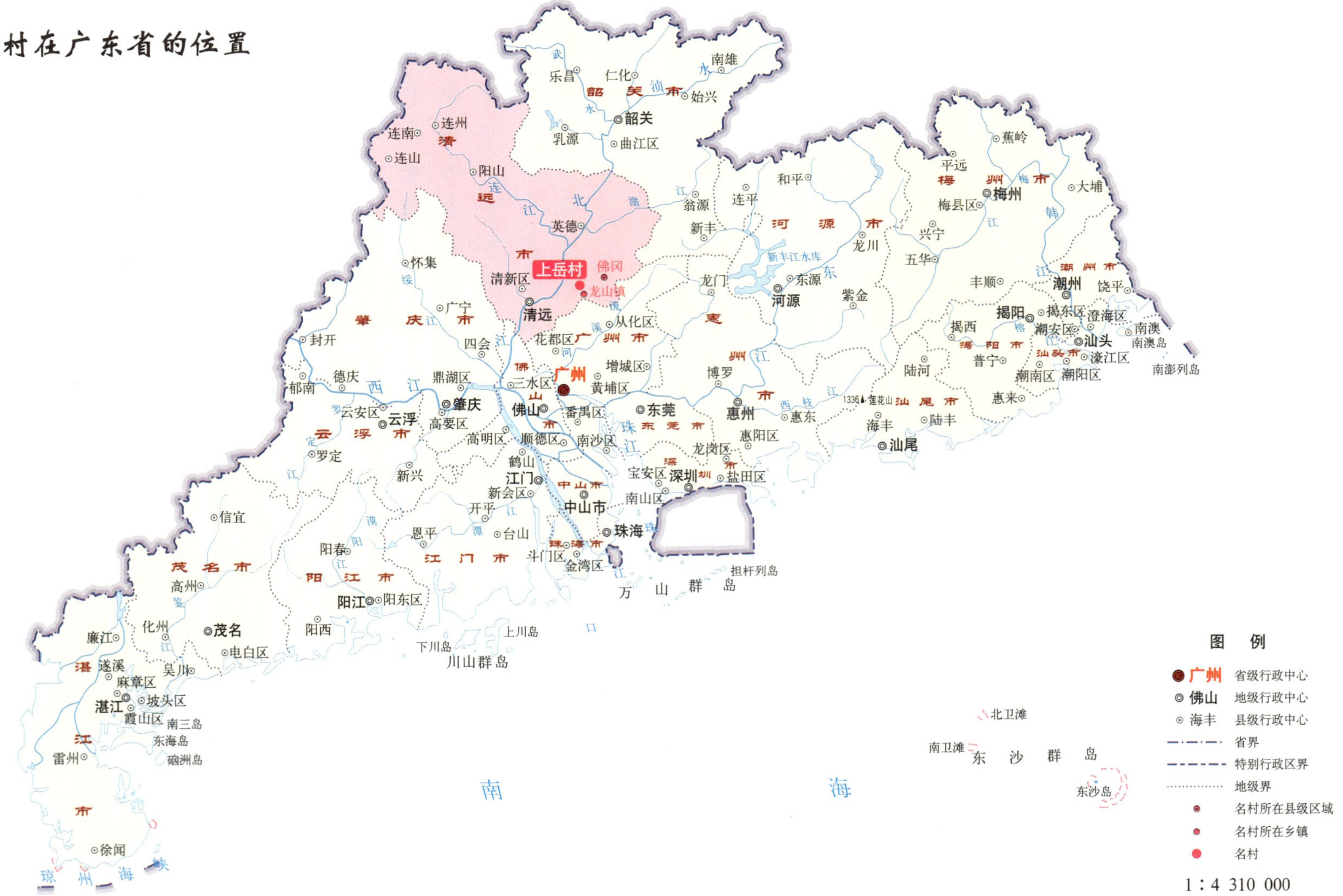

1∶4 310 000

审图号：GS（2017）3697号

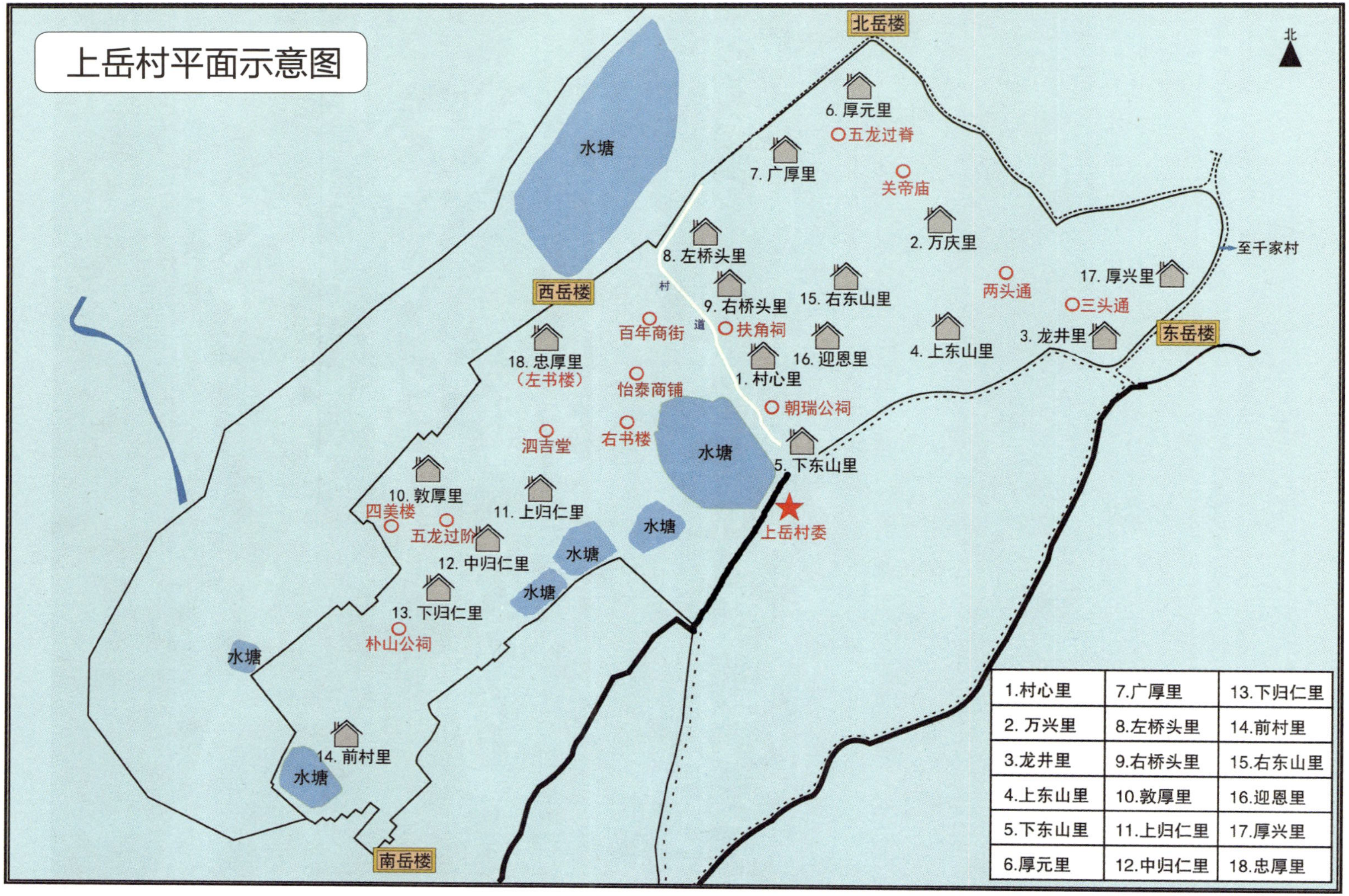
上岳村平面示意图
北
北岳楼
东岳楼
西岳楼
南岳楼
至千家村
6. 厚元里
五龙过脊
7. 广厚里
关帝庙
2. 万庆里
8. 左桥头里
村
道
9. 右桥头里
15. 右东山里
两头通
17. 厚兴里
三头通
百年商街
扶角祠
16. 迎恩里
4. 上东山里
3. 龙井里
18. 忠厚里
（左书楼）
1. 村心里
怡泰商铺
朝瑞公祠
右书楼
泗吉堂
水塘
5. 下东山里
10. 敦厚里
四美楼
11. 上归仁里
上岳村委
五龙过阶
12. 中归仁里
13. 下归仁里
朴山公祠
14. 前村里
1.村心里
2. 万兴里
3.龙井里
4.上东山里
5.下东山里
6.厚元里
7.广厚里
8.左桥头里
9.右桥头里
10.敦厚里
11.上归仁里
12.中归仁里
13.下归仁里
14.前村里
15.右东山里
16.迎恩里
17.厚兴里
18.忠厚里

上岳村全貌（2016 年）

朱家佑　摄

上岳村油菜花开（2012 年）

宋抗壹　摄

位于厚元里的五龙过脊镬耳楼（2012年） 宋抗壹 摄

嬉戏镬耳楼（2016 年）　　林红途　摄

古村的希望（2016 年）　　林红途　摄

上岳村横围片民居（2008 年）　　宋抗壹　摄

朴山朱公祠（2008 年）　　宋抗壹　摄

上岳村名片

※ 2010年7月，由中华人民共和国住房和城乡建设部、国家文物局评定为：

中国历史文化名村

※2006年11月，由广东省旅游局主办、《南方日报》等媒体承办的“寻找广东最美乡村”活动评定为：

广东省人文历史美最美乡村旅游示范区（点）

※ 2008年10月，由广东省文联、广东省民协评定为：

广东省首批古村落

※ 2012年10月，由广东省人民政府核定为：

广东省文物保护单位

※2014年2月，由中共广东省委农村工作办公室、广东省农业厅、广东省住房和城乡建设厅评定为：

广东名村

※ 2012年3月，由中共佛冈县委、佛冈县人民政府评定为：

佛冈县文化旅游名村

※ 2015年7月，由佛冈县人民政府评定为：

佛冈县农村金融改革创新试点信用村

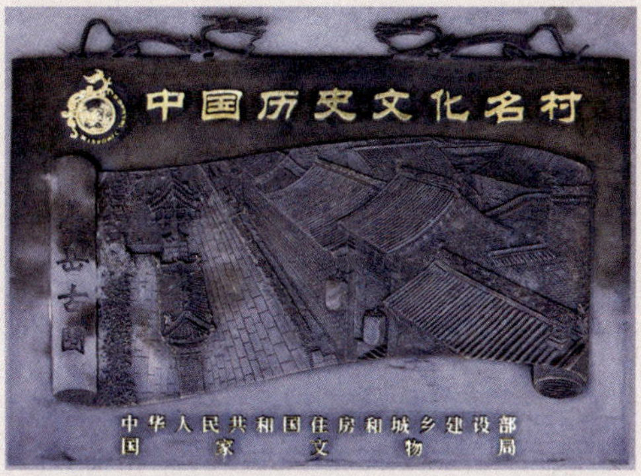

“中国历史文化名村”证照

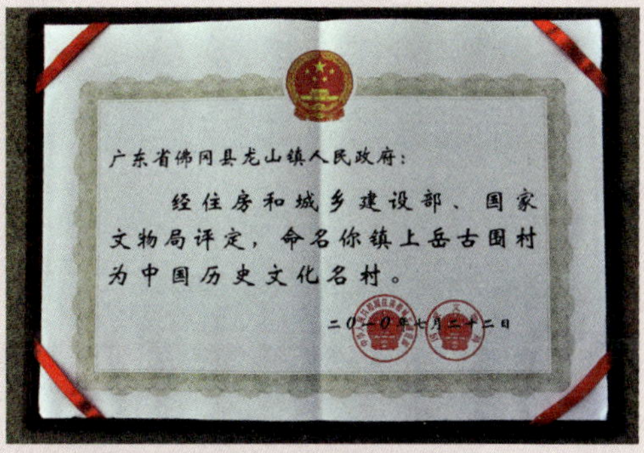
广东省佛冈县龙山镇人民政府：

经住房和城乡建设部、国家文物局评定，命名你镇上岳古围村为中国历史文化名村。

二〇一〇年七月二十二日

“中国历史文化名村”证书

“广东名村”证书　　县博物馆　提供

◉ 目录

1 镶耳奇观　岭南名村

11 基本村情

12 **建置沿革**
12 建置
14 村庄
17 **区位　境域**
17 区位
18 境域
20 **古村溯源**
20 置买田庄
22 始建村落
23 分建下岳
24 鼎盛发展
24 族人外迁
25 **族系　人口**
25 族系
27 人口
28 **生态环境**
28 地形
29 附：上岳村自然环境
30 气候
31 水文
33 植被
34 清洁设施
35 美丽乡村建设
39 **基础设施**
39 交通
41 水利
43 电网
44 通信
44 **社会民生**
44 文化教育
46 医疗卫生
46 社会保障
47 居民生活
49 **村域经济**
49 农业
52 工商业

54 工商业户

59 古建奇观

60 **十八里布局**
60 里的布局特色
63 归仁里
65 四美楼
66 **镬耳楼**
66 建筑特点
68 五龙过脊
69 五龙过阶
70 **古宗祠**
71 乡贤朝瑞朱公祠
71 后峰朱公祠
71 扶角朱公祠
72 彤绣朱公祠
73 槐亭朱公祠
73 朴山朱公祠
74 **古门楼**
75 村心里门楼
75 左桥头里门楼
76 右桥头里门楼
76 厚元里内门楼
76 前村里门楼
76 上东山里门楼
77 下东山里门楼
77 敦厚里门楼
77 忠厚里门楼
78 广厚里门楼
78 **其他古建筑**
78 古学堂
79 古墓
81 古井
82 古庙
83 古石桥
84 百年商街

87 文化源流

88 **文化传承**
88 植根广府
91 谱牒文化
92 耕读传家
93 习武之风
95 **族谱修续**
95 《两岳朱家族谱》
96 《两岳朱家族谱（续一卷）》
97 **祖训　族规**
97 《先贤文公家训》
98 《柏庐公治家格言》
98 《柏庐公劝言四则》
98 《文公增订蓝田乡约》
98 《两岳乡规十条》
99 《劝族俚言》
99 附：祖训族规代代相传

101 村民自治

102 **自治组织**
102 族众组织
106 村民理事会
108 **村务管理**
108 族规体系
109 倡导德治
111 村规民约

112 附：上岳村村规民约（2014年）
115 **良风传承**
115 和邻睦族
118 育人成才

123 风土民情

124 **民俗活动**
124 抢花炮
126 舞狮
127 祭井神
128 祠堂祭祖
129 清明扫墓
129 做神功戏
130 祭祀祈福
131 象棋之乡
132 **生活习俗**
132 妇女绞脸
133 种麻织布
133 婚嫁礼仪
133 办丧礼仪
134 **特产　美食**
134 乌鬃鹅
135 民安鸡
136 浛江大鲩鱼
136 龙山云吞
136 农家米酒
136 糯米糍
137 发糕
137 盖仔糍
137 浛江醋
137 炒米饼
138 咸糖环
138 碱水粽
138 咸肉粽
138 **传统器具**
138 农耕机具
139 运输工具
139 生活用具

141 保护开发

142 **古村保护与整治规划**
142 古村保护主题
144 **古村保护与整治进展**
144 保护修缮工程
145 保护整治项目
147 **旅游规划**
147 发展定位
147 发展目标
148 **旅游开发**
148 旅游发展布局
148 旅游功能分区
149 旅游开发模式
150 旅游开发企业
152 **旅游服务**
152 景观设置
153 景区划分
155 旅游设施
157 旅游线路
158 上岳十景

161 艺文　杂记

162 **艺文**

164 诗与歌
169 楹联
169 散文
174 史录
182 特写
184 **杂记**
184 仙牛脚迹的传说
185 仙人床的传说
185 锣鼓石的传说
186 虾仔床的传说
187 灾荒平粜
188 赈粥济民
188 牛车提水抗旱
189 附：灾害实录

191 名人与名村

192 **人物传略**
192 朱璧
193 朱琳
193 朱应遴
194 朱沛生
194 朱镇旻
194 朱创耀
194 朱德赞
195 朱佐权
195 朱国贤
195 朱佑汉
196 **名人与上岳**
196 清末榜眼朱汝珍撰写《两岳朱氏族谱序》
196 附：朱汝珍谒拜上岳祖祠
197 陈诚题写普美学校校名

199 大事纪略

200 **宋代朱文焕率兵抗元**
200 **明代敕封祖孙乡贤**
201 **抗清护邑**
202 **清代平息土地归属争端**
203 **清代昏官横行两岳遭劫**
203 **清代两岳乡勇退敌护村**
203 **清代重修科第名贤坊**
204 **抗日自卫**
205 **1936 年创建普美学校**
207 **分田到户**
207 **族人齐心护古墓**
208 **砂糖橘产业的兴衰**
208 **重修朴山朱公祠**
210 **重阳敬老茶话会**
211 **重修朴山朱公墓**

212 主要参考文献

213 编纂始末

镬耳奇观　岭南名村

上岳村位于广东省中部的佛冈县，始建于宋末元初，是具有700多年历史的古村，村中朱氏族人是南宋著名理学家朱熹的后裔。它既有山清水秀的生态环境，又有底蕴深厚的历史文化渊源；它的十八里布局、镬耳楼建筑群和植根于广府的文化，使之成为省内甚至全国独具特色的美丽乡村；它有耕读互励的传统氛围，历代涌现出不少成才人物；它有农商结合的经济产业和情理交融的治理模式，保持团结、淳朴的村风民风，创造出丰富多彩的民间习俗。时至今日，对上岳村的开发利用进程加快，特别是乡村文化旅游产业方兴未艾，上岳村将以更加和谐优美的古韵新貌展现在世人面前。

上岳村志

镬耳奇观古韵悠，岭南名村聚乡愁。
历史文化传不息，地灵人杰谱春秋。

上岳村位于广东省佛冈县龙山镇，是县境内西南部潖江下游的村庄，依山傍水，环境优美。上岳古村（又称上岳古围村、上岳古民居）位于上岳村北部，是上岳村最早建成的古村，又是古建筑最集中而且保存最完好的古村。自宋末元初朱氏先祖购置田庄算起，至2016年，古村有700多年历史。

上岳村一角（2014年）　　宋抗壹　摄

宏伟壮观的镬耳楼群（2012 年）　　徐海榕　摄

2006 年 11 月，由广东省旅游局主办、《南方日报》等媒体承办的“寻找广东最美乡村”活动降下帷幕，在评定的“广东省人文历史美最美乡村旅游示范区（点）”名单中，上岳古村榜上有名。自此，这个古村引起社会各界的关注，它的神秘面纱也逐渐被揭开，其宏大的广府古民居建筑群及厚重的历史文化底蕴给人们带来强烈的震撼，使人们深感惊奇。这是一个古韵深远、布局奇特、人文荟萃的最美乡村。古村建成后至清代鼎盛时，它以人丁兴旺、甲第连绵、族雄势大而名震一方，故社会上流传有“天上雷公凿，地下上下岳”的民谣，恶徒匪贼不敢轻易侵扰。虽然时移世易、社会变革，但至今古村的雄风犹存，只要用心观察体验，仍可领会到古村的八大特色。

得天独厚的区位环境　上岳村原属清远县浛江一乡，与下岳村并称为两岳，1958 年 7 月随龙山乡（今佛冈县龙山镇）划入佛冈县。据《清远县志》记载：“清远十九福地之上游，地号浛江，中有高峰拔地，古木参天，厥名岳山。在岳山上者称上岳，在岳山下者称下岳。”十九福地位于清远县北江西岸的飞来峡山（在今清城区飞来峡镇），至 2016 年，飞来峡山的飞来寺旁仍有十九福地的牌坊。上岳村地处北江与浛江交汇处的上游地带，距飞来峡只有 9 千米，按照古代玄理风水选址建成。该村居中，左有青龙（岳溪）环绕，右有白虎（岳山）卧伏，前有朱雀（龟头岭）蜿蜒，后有玄武（龙山）坚挺。按古时堪舆大师的说法，上岳村的区位环境得天独厚，尽得山川灵气，是丁财旺地、兴族福地。

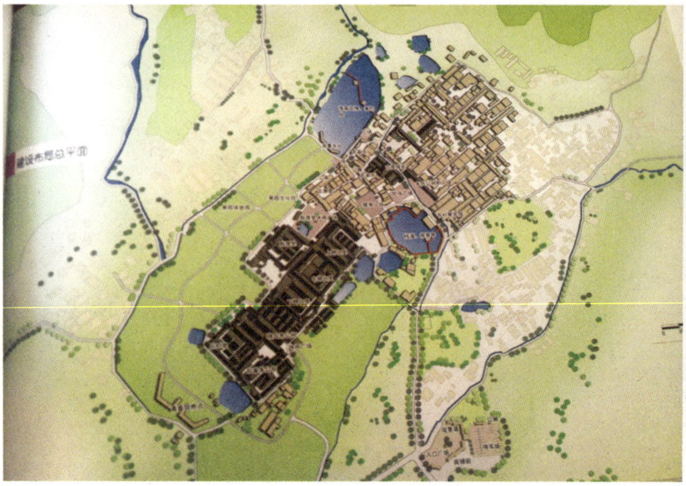

上岳古村鸟瞰图　　县住建局　提供

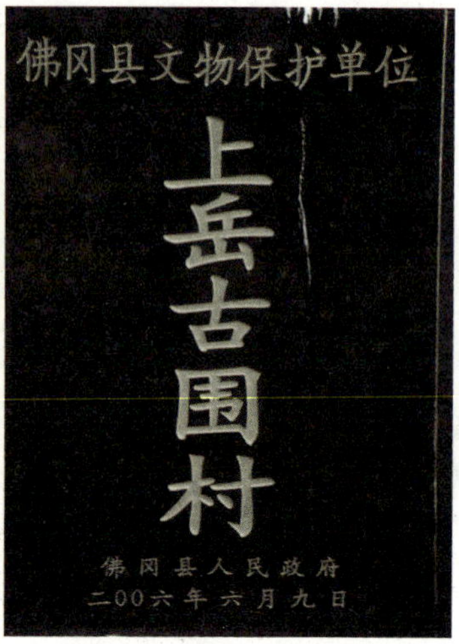

2006 年 6 月，上岳古围村被评为佛冈县文物保护单位　县博物馆　提供

规模宏大的古建奇观　上岳古村最引人驻足惊叹的，是它历经沧桑仍基本保存完好的古民居建筑群。它的十八里布局，是前无古人、后无来者的精心谋划之作。里是村民居住的基本单位，每个里是一个居住区。在谋划时先建成村心里，随着族人的繁衍增多，至清中期建成十八里，每个里建有门楼，门楼前均有一口水塘。同时，全村东、南、西、北四个方位均建有岳楼，岳楼之间建有围墙。全村民居布局，既有里相对独立单位，又有连成一体的公用设施，形成“村—里—居”的独特结构。古民居具有明显的广府建筑特色，数量众多的镬耳楼群形成令人惊叹的奇观。镬耳楼形似明清代的官帽，其特殊形式为五龙过脊、五龙过阶，以及后来兴建的四美楼（俗称“银库”）。镬耳楼群与十八里布局交织成上岳广府古村的瑰丽图画，显示出上岳古村的尊贵、豪气和美丽。上岳古村十八里基本建成后，不管是以形寓意，还是以意寓形，世人都传说该村整体布局形如一把手枪，且每处岳楼、民居均设有枪眼，门楼均设有用于防护的趟栊门，显示着上岳古村强大的防御功能。上岳古村现存基本完好的有 6 个里，共有 37 栋 108 座古民居，古民居建筑群（含公用设施）总面积为 11.8 万平方米，是广东省内规模宏大的古建筑群，各种特色建筑令人深感古村气势的强盛和文化底蕴的深厚。

传承不息的历史文化　上岳朱氏是南宋著名思想家、理学家朱熹的后裔，朱氏族人尊崇祖训族规，传承历史文化。在上岳村，除古民居外，还有众多古学堂、古门楼、古祠堂、古墓等系列古建筑，并留有历代的古壁画、古楹联、古诗词、古墓志以及雕刻和题字，这是上岳村传统文化的见证。最能反映上岳村历史文化传承理念的，是上岳村与下岳村合编的《两岳朱家族谱》和《两岳朱家族谱（续一卷）》。其中《两岳朱家族谱》编成于 1925 年，由两岳族人主持合编，居于清远县城的清末榜眼朱汝珍作序。该族谱分为 12 卷，全面记述两岳村情、族人繁衍以及族中事务，交付广州十八甫中约东雅公司石版印刷，是内容丰富、印刷精良的族谱，在广东省内享有盛誉。《两岳朱家族谱（续一卷）》紧接原族谱，记录时限为 1926—2014 年，于 2014 年 12 月付印成书，其体例、内容既体现出两岳朱氏族人坚持传承以朱熹为代表的儒家理学精髓，又反映出两岳朱氏族人在继承中勇于革新、善于扬弃的与时俱进精神。前后两部族谱以其各自的风格特色，成为两岳族人发展史上的重要历史记录和里程碑。

镬耳与云（2017 年）　谢春江　摄

象贤初级小学遗址（2016 年）　　谢春江　摄

耕读互励的传统氛围　上岳村位于山水秀丽的滘江地域，自古以来族人就重耕助读，使耕读互励成为生产生活中的主旋律。该村以先祖制定的家训族规教育勉励族人及子孙后裔，其中乡规有“读书治田、营家济物”“各自进修、互助劝勉”的规条，规劝族人勤耕苦读，朱氏族人历代以此为勉。该村族人以耕为荣，以耕累资，以供日常生活及繁衍育人所需。同时，谨记先贤“自读并教子孙读，即身体而力行之”的教导，以读书明理、读书端行、读书报乡报国为己任，历代涌现出不少读书成才的人物。在明清时期，上岳村朱氏族人取得秀才、贡生以上功名的有 160 多人，其中进士、举人共 8 人，上岳始祖朱璧曾任明朝兵部主事、补工部主政，与其孙朱琳被朝廷颁授“祖孙乡贤”封号。上岳村在鼓励族人学文进取的同时，也鼓励族人练武健身，有 3 人被朝廷封为武略骑尉职衔，并赠有“武魁”牌匾。清末废科举、兴新学以来，上岳村内的私塾改学校，后又建造普美学校，继续把教书育人作为重要职责。民国至新中国成立后，在党政军界、工商科技界、教育界、医药卫生界等各界别均涌现出众多人才。

农商结合的经济产业　上岳村自元末明初形成村落时起，逐步扩展地域范围，到清中期规模最大。当时上岳村在原村域基础上，购置白牛迳一带荒山野地，设立耕厂（耕地畜牧之处）垦荒开田。在此期间，上岳村农耕产业扩大到东至民安水的东岸（今民安圩）地带，南至与下岳村交界的旧民安（民安圩原圩场），西至清远县旧横石（今清城区飞来峡镇）东部地带，北至白牛迳（今清水迳村）南部地带。全村总面积有 30 多平

上岳村民祭拜朴山朱公祠（2014年）　　宋抗壹　摄

方千米，其中耕地（包括自耕地、出租地）1万多亩（约6.67平方千米）。在民国期间，上岳村派出人员收税、收租的地点有船运点——湛江口（今清城区境内）及陆运点——旧横石（今清城区境内）。农耕的鼎盛时期，为上岳村的发展提供厚实的经济基础。在发展农耕的同时，上岳村还致力于发展工商业。商业以船运、商铺贸易为主，至清后期形成一定规模，并在村中设立一条以营商为主的商街（今称“百年商街”），以满足村民生产生活需求。以上农商结合的经济结构并存于一个村落，并盛行于当时“重农抑商”的社会环境中，实在是独树一帜的。新中国成立后，上岳村农工商结合的经济模式仍然存在。90年代起发展的砂糖橘种植产业，成为村民致富的新产业。2013年起，砂糖橘产业逐渐消退，上岳村民又致力于产业调整，改种其他优质果树，还有不少中青年到外地兴办厂场企业或务工学艺，成为新型的农工商综合经营的村民，以开拓进取的精神创造强村富民的新生活。

情理交融的管理模式　上岳村建成后，逐步形成一套严密的村族管理习俗，一直采取全封闭式的管理模式。古代至民国期间，上岳村管理主体大致可分为官、族、房三类。其中官设的管理主体随着社会形态的变迁而调整，先后有里约、保甲长等设置；族设管理主体，主要有族老（含绅耆、各房长老）；房设管理主体，主要是房老，由所在分支房辈分高、年老的族人担任。族中管理经费主要来源于族、房的公尝，有时由绅耆（含堂口组织）捐助。在管理中采取情理交融的方式，即通过族规家训，以劝导、勉励、褒扬、惩戒等方式进行，以保护族人的人身和基本权益，即使在封建制度下也极少发生摧残族人精神和肉体的暴力行为，这是上岳村治理的显著特点。通过情理交融的管理模式，激励族人奋发有为、舍生取义。在两岳村历史中发生的抗清护邑、退敌护村、抗日自卫等事件中，均突显出两岳子弟具有其始祖朱文焕率兵抗元的英雄气概和勇于报国报乡的宝贵精神，涌现出不少顾全大局、顽强抗争的仁人义士，其事迹世代相传，令人赞叹。新中国成立后，虽然管理主体及管理内容均发生变化，但情理交融的管理模式一直作为优风良俗保留延续下来。

丰富多彩的民间习俗 上岳村在长期的生产生活中，形成丰富多彩的民间习俗。其中集中举办的活动有舞狮、抢花炮、神功戏、祠堂祭祖、元宵上灯等；各房系举办或家庭自主进行的活动有年节祭祀、赈粥、祭井神、象棋赛等。其中上岳村特有的民俗活动神功戏、赈粥等，为全族人参加的活动，规模宏大，活动时间长，反映出上岳村的兴旺和活力。这些民俗活动，虽然初办宗旨不同，但大多体现和亲睦族、激励奋进、娱乐养生、寄托愿望等内容，而且往往是多种宗旨功用互相结合包容，丰富族人的精神生活。这些具有岭南特色风情的民俗活动，有的仍保留传承，继续发挥其团结族人、激发正能量的作用。

方兴未艾的开发利用 2007 年以来，佛冈县政府对上岳古村保护、整治、开发和利用工作紧锣密鼓地进行。佛冈县政府在开展社会主义新农村建设中，把上岳古村列入全县名村建设规划。并先后 3 次委托广东省城乡规划设计院等单位对上岳村的古建筑进行保护和维修规划，对村域环境进行整治。2013 年，县政府在开展广东省社会主义新农村试验区（佛冈）建设进程中，把上岳村作为佛冈县乡村风情长廊的南面节点予以美化建

上岳村传统民间习俗——舞狮（2014 年） 宋抗壹 摄

上岳古韵新貌展厅内景（2016 年） 李阳光 摄

上岳村优美的自然环境（2014 年）　　何东树　摄

设。2015 年起，佛冈县政府对上岳村实施美丽乡村“特色村”工程建设。这一建设工程的实施，被村民称为“千年古村千年一遇”的民心工程，全村村民热情高涨，积极发挥主体作用，推进建设施工进程。同时，配合乡村整治建设，上岳村的产业发展步伐加快，在村中建成万兴（佛冈）玩具有限公司。并加大资源开发力度，利用村域的资源优势发展文化旅游产业。2013 年，由民营企业投资建立佛冈县上岳古村落文化旅游开发有限公司，至 2016 年，开发建成莲花池、接待站等多个旅游项目。同时，佛冈县政府将开发上岳村的旅游业纳入全县旅游总体规划加快实施，上岳村旅游企业也主动与县旅游局和周边旅游企业、旅游风景区联系挂钩，进行合作开发，以进一步扩大上岳村旅游业的影响，提高上岳村旅游业的品位和知名度。上岳村开发利用和产业发展方兴未艾、前景广阔。

进入 21 世纪，上岳古村以其特色古韵和鲜丽新貌展现在世人面前，先后被国家、省、市、县授予多种荣誉称号，2010 年由住房城乡建设部、国家文物局评定为中国历史文化名村。上岳古村的文化发展历程，是无数村庄文化发展的缩影。开展对上岳古村的研究、保护、开发、利用工作，不仅是当代人的神圣职责，也是造福后人的重要义务。通过各方联动配合，力促其成为社会主义新农村建设和美丽乡村建设的一个鲜明品牌，并发挥辐射和带动作用，推动全域新农村建设进程。

古村鸟瞰图（2016 年）　　朱家佑　摄

基本村情

上岳村是广东省佛冈县龙山镇辖下的行政村，始建于宋末元初。2016 年，辖内有自然村 22 个，总面积 17 平方千米，总人口 5798 人。该村背靠上岳山，故名上岳村；面临潖江，土地肥沃，资源丰富；世居村民大多为朱姓，是南宋著名理学家朱熹的后裔。村中有省道 252 线通过，交通、水利、电网、通信等基础设置完善；气候温和，水源充足，植被覆盖面广，是一处生态环境优越的宝地。上岳村重视文化教育，自明中期起就先后私塾、社学、书院，民国时期改为学堂，新中国成立后建立和完善普美学校。上岳村鼓励村民耕读传家，各自勤勉职业。新中国成立后，全村经济稳定发展，改革开放后经济发展步伐加快，社会民生稳定和谐。

◉ 建置沿革

建置 据历史考证及有关文献记载，上岳村地域自西晋时起就有人居住。南北朝时属浮护县；隋唐时属清远县。明初，清远县设8个乡，两岳地域属滘江乡。明嘉靖年间（1522—1566），清远县设10个乡，把滘江分为滘一乡、滘二乡，两岳属滘一乡。清康熙年间（1662—1722），清远县设4个属，分管10个乡，上岳村属滘属中的滘一乡。清光绪十四年（1888），清远县4个属下管的9个乡（因吉河乡划入佛冈厅）改为81个分局，其中滘属下设18个分局，两岳属仁安分局。分局下设约，其中上岳为兴仁约，设约正、副约正负责管理。清宣统元年（1909），清远县改设10个区，上岳村属滘属第九区。

1930年，滘属改称滘江区，下辖18个乡、802个里。其中忠安乡（今龙山镇地域）辖33个里，两岳为忠安乡下辖33个里中的2个里。1933年，清远县推行保甲制，滘江区改为第四区，两岳与粮头埔3个朱姓大村合为仁安乡，属第四区管辖。乡下设保甲，其中上岳保设保长，下辖自然村为甲，设甲长。以上保长、甲长均由官方指定。1948年，忠安乡改为龙山乡（以龙

古村遗韵（2016 年）　　曾锦龙　摄

山圩取名），下设 10 个保，两岳为 10 个保中的 2 个保，在保下设甲。

新中国成立后，1950 年 5 月，清远县将第四区（即原滘江区）划分为第八区、第九区，其中第八区下辖 7 个乡，上岳村属仁安乡。1953 年上半年，清远县分设 19 个区，上岳村属第六区。1955 年 9 月，清远县第六区改称龙山区，上岳村属龙山区。1957 年 9 月，清远县撤区改乡，龙山区改称龙山乡，上岳村属龙山乡。1958 年 7 月，清远县龙山乡划入佛冈县管辖，上岳村随同龙山乡划入佛冈县。1958 年 10 月，佛冈县并入从化县，原佛冈境内设立 3 个人民公社，上岳村属滘江人民公社，分为上岳、榨油岭、秧坎咀 3 个生产大队。1959 年 5 月，原佛冈境内的 3 个人民公社改为 7 个，上岳等 3 个生产大队属龙山人民公社。1961 年 5 月，恢复佛冈县建制，将 7 个人民公社改为 12 个，上岳等3个生产大队属民安人民公社。1983年12月，撤社改区，全县设12个区，上岳等3个乡属民安区。1987年1月，民安区改称民安乡，上岳村等3个行政村属民安乡。1991年1月，上岳村等3个行政村改称管理区。1994年2月，民安乡改称民安镇，上岳等3个管理区属民安镇。1998年11月，上岳等3个管理区改称行政村。2004年5月，民安镇并入龙山镇，上岳村等3个行政村属龙山镇。2005年5月，榨油岭、秧坎咀两个行政村并入上岳行政村，至2016年未变。

村庄 元末明初朱氏六世祖朱子英回上岳建村时，以二世祖朱继贤早年置买的田庄为基础，又置买白牛迳一带荒山野地为祖尝。该处地域广阔，东至徐家山场，西至刘家山场，南至朱姓粮田，北至英德县界，通过招租、批耕、收租，祖尝日增。后来置业范围扩大，扩展至清远县旧横石一带，包括金斗角、湴涌、清水塘、石犁塘等地（在今清远市清城区飞来峡镇社岗村及滘江口附近）。分建下岳后，上岳村区域范围逐步向周边扩展，形成高塱仔、榨油岭、定家堂、石仔岭、大坑坣、黄姜岩、秧坎咀、七页车等村庄。

乡贤朝瑞朱公祠屋脊（2007年） 宋抗壹 摄

上岳村一角（2016 年） 朱家佑 摄

新中国成立后，上岳村域范围变动较大。1958 年大办人民公社时，上岳大队分为上岳、榨油岭、秧坎咀 3 个大队（后改为管理区、行政村）。1990 年，上岳村有经济社 15 个，耕地 1978 亩；榨油岭村有经济社 6 个，耕地 841 亩；秧坎咀村有经济社 8 个，耕地 1171 亩。2000 年，上岳村内的自然村主要有鹤田、石仔岭、高禾堂、横围、前村里、坑口厂、上岳、鹤咀、坟前埔、财吉厂，全村总面积 10.46 平方千米；榨油岭村内的自然村主要有高塱仔、榨油岭、敦厚里、下池、定家堂，全村总面积 2.96 平方千米；秧坎咀村内的自然村主要有南坑、黄姜岩、横岭、新香粉、秧坎咀、七页车、旧民安、新围仔，全村总面积 3.58 平方千米。

2005 年 5 月，榨油岭、秧坎咀两个行政村并入上岳行政村。并入后上岳行政村下辖 8 个自然村，分别为：上岳村、高禾堂村、横围片村、河东村、河西村、高塱仔村、木桥头村、中心村，总面积 17 平方千米，耕地面积 3926 亩（其中水田 2748 亩、旱地

上岳村前村里（2016 年）　　朱家佑　摄

上岳七页车村水车（1995 年）　　黄焜文　摄

1178 亩），山地面积 1.2 万亩。其中，河东村为民安河东岸村庄，包括新围仔、新香粉、南坑、横岭村；河西村为民安河西岸村庄，包括黄姜岩、秧坎咀、七页车、旧民安村；中心村在民安河中间地域，包括榨油岭三队和四队范围。

2015 年，上岳村域分为 3 个居住片，有村民小组 33 个。其中上岳片村民小组 18 个，榨油岭片村民小组 6 个，秧坎咀片村民小组 9 个。按自然村分，上岳村域有自然村落 22 个，分别是：上岳、高禾堂、横围、前村里、坟前埔、石仔岭、坑口、鹤咀、财吉厂、榨油岭、高塱仔、敦厚里、下池、定家堂、秧坎咀、南坑、黄姜岩、横岭、旧民安、七页车、新围仔、新香粉村。2015 年，佛冈县按广东省人民政府的部署开展自然村落历史人文普查工作，把上岳行政村以上 22 个自然村（其中上岳古村内自然村 6 个）列入普查内容，并分别写出调查材料。

◉ 区位　境域

区位　上岳行政村（简称“上岳村”）位于广东省清远市佛冈县龙山镇境西北部，距佛冈县城 20 千米，距龙山镇区 9 千米。东面接门楼富村、浮良村，南面接从化围、下岳村，西面与清远市清城区飞来峡镇交界，北面与清水迳村接壤。上岳村三面环山，东面为象山（又称“大岭头”），西面为岳山，北面为龙山。在以上山脉中还分布有锣鼓岭、鸡心岭等小山峰，均在海拔 200 米以下。西有北江，南有潖江，潖江支流民安河（两岳段称岳溪）自东北向西南汇入潖江。上岳村南面是自北向南的民安河冲积而成的大片良田，三面环山的地形构成上岳村自我保护、防范外扰的天然屏障，一面傍水的环境确保上岳村的生产生活有充足水源。元末明初朱文焕的六世孙朱子英选居上岳，正是选中上岳得天独厚的自然条件。

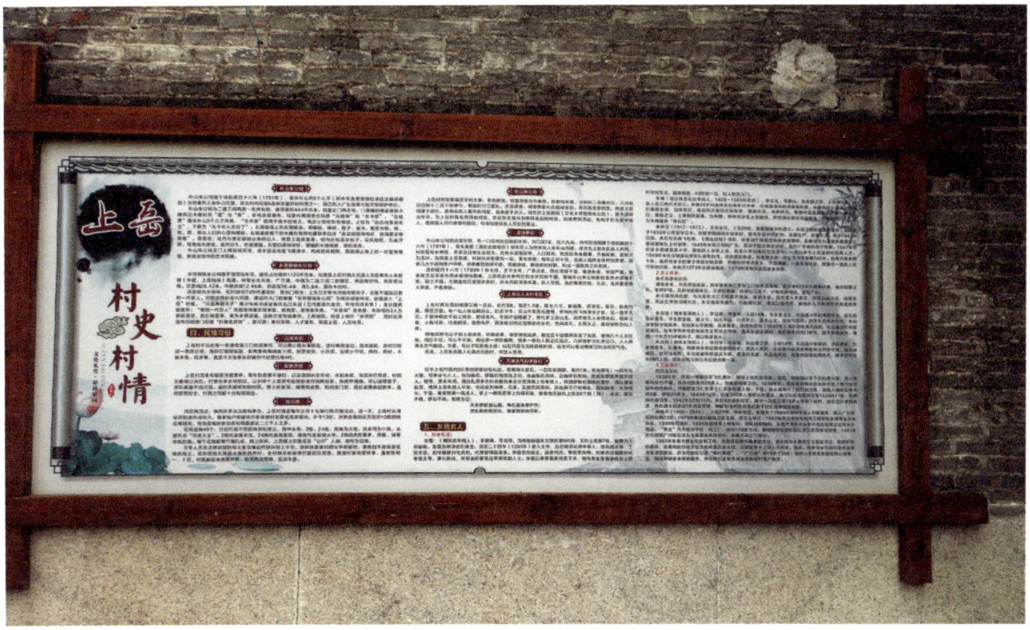

上岳村乡贤朝瑞朱公祠大门侧的“村史村情”宣传栏（2016 年）　　李阳光　摄

上岳村横围片（2016 年）　　朱家佑　摄

境域　上岳村作为佛冈县龙山镇的行政村，下辖的村庄历年来有所撤并。2015 年，上岳行政村域内村庄包括石仔岭、坑口、鹤咀、财吉厂、高塱仔、榨油岭、下池、定家堂、南坑、黄姜岩、横岭、旧民安、七页车、新围仔、新香粉、秧坎咀以及上岳古村，共设 33 个村民小组，总面积 17 平方千米。其中上岳古村地域有高禾堂、横围、前村里、上岳、坟前埔、敦厚里 6 个村庄，除此外，其他村庄绝大部分是从上岳古村迁出而形成的，朱姓占居住人口的绝大多数。

上岳古村又称上岳古围村、上岳古民居，是上岳村的核心地域。上岳古村范围包括高禾堂片、横围片、上岳片 3 个居住片，统称为上岳十八里，总面积（包括建筑物及公共设施）共 23 万平方米。上岳古村的原籍居民（不含因婚嫁入籍的妇女）全部为朱姓。上岳古村的地域范围在各历史时期有所变化。宋末元初，朱文焕长子朱继贤在清远县旧横石葬父并守孝 3 年，其间置买上岳田庄，自始拉开上岳古村历史的序幕。后第六世朱子英因从广州迁回上岳建村居住时，朱氏人口不多，田庄规

上岳村高禾堂片自然村落（2016 年）　　朱家佑　摄

模也不大。后来由于人口不断繁衍增多，遂分建下岳，形成上岳、下岳两村。随着朱氏家族的发展壮大，人口的增加，上岳古村的地域范围也不断扩大。到清中期，上岳古村的范围以建成的东岳楼、南岳楼、西岳楼、北岳楼为界，按清中期建成的包括十八里建筑及公共设施计算，总面积 23 万平方米。随着岁月的流逝和风雨的侵蚀，从民国初期起先后有古建筑及公共设施毁损和倒塌，其中东岳楼、南岳楼、西岳楼、北岳楼毁塌不存。至 2016 年，上岳古村十八里保存完好的只有 6 个里，其他的里均受不同程度的损毁，有的只剩断壁残垣。保存完好和轻度损毁的古民居共 37 栋 108 座，面积 11.8 万平方米，其中古民居基底面积 1.3 万平方米，公共设施面积 10.5 万平方米。上岳古村作为综合文物列为佛冈县不可移动文物名录，其中单体文物有 9 处，分别是村心里古井、锣鼓石祭祀遗址、广厚里门楼、上岳五龙过脊、槐亭朱公祠、厚元里内门楼、归仁里（含上、中、下归仁里和朴山朱公祠）、泗吉堂、乡贤朝瑞朱公祠。

◉ 古村溯源

置买田庄 据考证，早在西晋时期，上岳村地域便有人居住。2004 年在上岳咸水村发现的古墓葬，其出土的墓砖刻有铭文，经省考古专家鉴定为西晋时期的古墓。唐宋

上岳村连片耕地（2016 年）

时期，上岳村地域只是少数分散住户形成的聚落，没有明确的道路、组团的区分，民居之间相距比较远，民居多为泥墙茅屋。据后来的资料记载，上岳村地域内最初居住的有柴、米两姓人。宋末元初，朱文焕之子朱继贤在丧父守孝 3 年期间置买上岳田庄，后迁移广州诗家里（今解放中路）。元末明初，朱文焕第六代孙朱子英迁回到上岳村建立屋场、购置田地。这时期的上岳村仍然以散落的宅居为主，当时原居民柴氏和米氏仍在此

朱家佑　摄

居住。延续至明末，由于朱氏既是大户，又不与原有居民为伍，逐渐形成以朱氏为主和以原有居民为主两个宅居聚落。至清初，朱氏人口繁衍逐渐增多，柴氏和米氏人口逐渐减少，于是柴氏、米氏有些人口外迁，不外迁的都改姓朱。

始建村落 两岳（上岳、下岳）朱氏二世祖朱继贤在元末移居广州诗家里后，守节不仕，在广州置家育儿。元末明初因广州兵事不断，局势混乱，六世祖朱子英为避战乱，遂从广州诗家里（今解放中路）先水路、后陆道迁回上岳村。迁回线路为：在今解放南路附近的天字码头上船，沿珠江北上转入北江，再沿江而上，至清远县旧横石路段（今清远市清城区飞来峡镇）码头下船，先在清远县升平横石里暂居，后再沿古驿道迁至上岳。横石里至上岳古驿道是清远县城至吉河乡（今佛冈县）石角圩古驿道的西段。从清远县城经横石里到吉河乡石角圩（古属清远县，今属佛冈县）有一条古驿道，其沿途走向为：清远县城—升平横石里（驿铺）—上岳（驿铺）—猪古岭（驿铺）—龙蟠（驿铺）—石角圩。清嘉庆十八年（1813）建立佛冈厅后，这条古驿道经过多次修整，其中横石里至佛冈厅署（石角圩附近的大埔坪）古驿道段称为佛旧古驿道（佛冈厅署—旧横石），佛冈县境内沿途设有上岳、猪古岭、龙蟠 3 个兵汛（即兵站，兼作驿铺）。朱子

[北江—旧横石（驿铺）—上岳（驿铺）—清水迳—猪古岭（驿铺）—龙蟠（驿铺）—吉河乡石角圩]

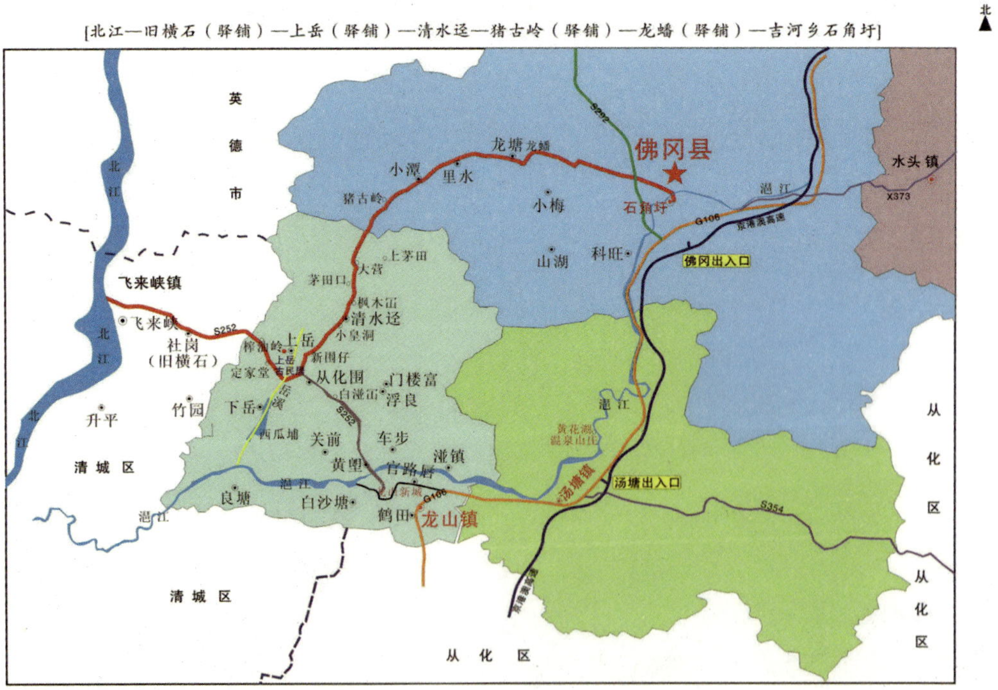

潖江—吉河乡古驿道示意图（2016 年） 谭业斌 制作

上岳古村远景（2008 年）　　宋抗壹　摄

英携眷迁回上岳，开始建立屋场，购置白牛迳一带荒山野地，躬耕陇亩。此后，因虑及子孙繁衍居住的需要，按当时风水地理意念，统一谋划上岳屋场的布局，按布局逐步建造，形成上岳村十八里的布局形态。

朱子英生有两子，长子朱璧、次子朱莹。明初，朱璧和朱莹兄弟二人在上岳、下岳并行发展。时至明末清初，在外的朱氏家族绝大部分重回上岳、下岳居住，并按原谋划的布局建设，使上岳、下岳两村得以快速发展，原来属于一种自然状态发展的乡村变得井然有序。由于朱氏家庭的增多，上岳村的建设开始以“里”为单位由岳山山边向四周扩展。

分建下岳　明初，朱氏六世祖朱子英携妻儿回上岳，始建上岳屋场，其两子朱璧、朱莹兄弟情深，在上岳共同居住 40 多年，互相扶持，共度时艰。后来朱璧、朱莹相继离世，两人子孙仍居留在上岳。随着朱氏子孙逐步繁衍，住屋拥挤，朱莹之子朱南庄（八世祖）遂携妻儿迁至相连的下岳，另建屋场。由于在岳山的下边，所以取名下岳村。自此在当地形成同宗同族的上岳村和下岳村，朱璧被尊为上岳始祖，朱莹被尊为下岳始祖。以后陆续有后人或为生计，或为住屋往外迁徙。

鼎盛发展 上岳村自明代定鼎以后，逐渐繁衍生息，积累财富。上岳八世朱德淮之子（姓名缺失）从上岳徙居于千家村（今咸水村），经过多年苦心经营，人丁兴旺，财帛丰盈。至明末，千家村有一奴仆因忤逆行为受到主人责罚，便怀恨在心，串通一伙强盗入村杀人放火，致使大量房屋田地被毁。当时有一奴婢满腔义愤，怀抱小主人（上岳十三世朱儒）由沟渠逃生，暂居他乡，多年后事态平息，才回归故里上岳厚兴里居住。上岳村兴盛发展，到清中期逐渐形成十八里的建筑布局。十八里包括：村心里、万兴里、龙井里、下东山里、上东山里、厚元里、广厚里、左桥头里、右桥头里、敦厚里、上归仁里、中归仁里、下归仁里、前村里、右东山里、迎恩里、厚兴里、忠厚里。

清末，上岳村基本形成一个中心、两个居住片、街道串联里式院落的格局，并在村中心的地带衍生出许多职能的中心：商铺、当铺、祖祠、学堂（泗吉堂）。在民国期间更是商铺林立，成为一个繁荣的商街。当时的店铺有同芝祥（药店）、恒记德（纸品杂物店）、常新豆腐店、周大伯客栈、大德肉店、镜米木器家具店、三庆祥米铺、祥发米铺、欧伯米铺、冯德烟丝店、半绿珍烟丝店、埠子饼铺、美珍楼（酒楼）、永兴（米、烟）店、安和烟铺、中城米铺、二安米铺、义诚米铺、广仁（油、粮、饼）店、新和祥杂货店、徐记理发店、维可面粉店、棺材铺等。其中，维可面粉店制作的面食很受顾客青睐。由于上岳村富庶，时遭歹人觊觎，上岳村分别在村外围、山上各处建立起防御工事，在村四周建起东岳楼、南岳楼、西岳楼、北岳楼，楼上建有瞭望台。同时，全村围墙、屋墙均设有枪孔，防御盗匪侵扰。

民国时期，由于战乱，社会动荡，各地民众都处在颠沛流离的状态。上岳村依靠坚固的防御体系，虽未遭到严重破坏，但是人口和经济处于缓慢发展状态。新中国成立后，百年商街渐渐消失。在“文化大革命”时期，上岳的祠堂和许多古民居遭到不同程度的毁坏，所幸横围片仍保留得较为完整。

族人外迁 自元末明初两岳始建屋场以来，历经720多年。其间，因发展需要或其他原因，两岳族人移居外地者不在少数。最早外迁者约在清康熙四十九年（1710），后来也有陆续外迁者。据《两岳朱家族谱（续一卷）》记载，从两岳迁出的（含迁出后又转迁的）族人，在佛冈县内有高岗、迳头等地；在省内还有韶关、清远、广州（含从化）等地；在国内还有上海、北京和香港、澳门等地；在海外有新加坡、新西兰、美国等国家。从两岳迁出（含迁出后繁衍的）族人估算有1.6万多人。

上岳朱德浦（八世）第三房朱琳（九世）房后裔朱千（十三世）有五子，除长子朱万寿外，其他四子都向外地移居。其中二子朱万龄迁至英德县高台乡（今佛冈县高岗镇）礼溪（地名），至2016年有3000多人；三子朱万年迁至英德县迳头乡（今佛冈县迳头镇），至2016年有5000多人；四子朱万方迁至英德县刀石坑村，至2016年有1000多人；五子朱万纪迁向不详。

上岳朱后峰房后裔朱光裕（二十二世）之孙朱虾仔（二十四世）外迁清远县银盏（地名），至2016年，有140多人。

上岳朱后峰房后裔外迁德庆县，至2016年有1400多人。是哪一代哪个先祖外迁，失考。

◉ 族系　人口

族系　上岳古村开村始祖为朱氏，后来逐步从上岳古村分迁形成其他村庄。从清后期起，因耕作及行政区域变动等原因，先后有其他姓氏村民进入上岳的村庄居住。据2016年统计，上岳村世居村民（不含婚嫁入籍的妇女）姓氏有18个，其中原籍居民为朱姓，曾在上岳村做工和租地落户的有黄、赖、卢、谢、何、胡6姓，因水库移民入住的有袁、温、刘3姓，因知青或迁入等原因入住的有高、黎、赵、邝、廖5姓，因行政区划变动划入的有麦、曾、唐3姓。

朱氏历史源远流长，朱姓曾在中国历史上建立过后梁和明朝，后嗣众多，分布甚广。在第六次全国人口普查和2015年中国最新姓氏人口数目排名中居第14位，约占全国汉族人口的1.26%。

据《两岳朱家族谱》记载，朱氏源自沛国，望出吴郡，发源于山东，血缘初祖属轩

《两岳朱家族谱》（2016年）　　钟榕斌　摄

辕黄帝，绝大多数朱氏后裔，都自称出自曹侠（挟）之后。

前221年，秦统一中国，推行郡县制，朱氏所居的沛县，属泗水郡，汉朝时改称沛国郡。历代子孙几经迁徙，都把故地沛国当作朱姓的发源地，为表根念祖，所居之屋均名曰沛国堂。上岳朱氏便是沛国朱氏后裔。

10世纪初（五代十国时期），沛国朱氏宗族分衍派生出一个分支，永城谯郡朱氏继朱敬则兄弟之后，又孕育出后裔朱古僚。朱古僚，又名朱环，字良玉，又字舜臣，排行二十一，原籍歙州歙县之黄墩（今属安徽省），唐昭宗大顺二年（891）进士。唐天祐年间（904—907），奉歙州刺史陶雅之令，领兵三千镇戍婺源邑，民赖以安，唐封忠武侯，官置制茶院府君，他携妻带子从黄墩来婺源定居，后子孙绵延繁衍，蔚为巨族。

12世纪初，时值南宋，婺源茶院朱环第八代孙吏部朱松，又培育出中华文化的杰出代表性人物——朱熹，被誉为继孔孟之后影响最深远的万世宗师，是中国历史上伟大的哲学家、教育家、思想家、文学家和诗人，被尊为“朱子”。两岳始祖朱文焕是朱熹的第六代孙。

两岳朱氏始祖朱文焕（名浚，字表怀，号漱石），其先祖居陕西关中，后徙于闽。朱文焕少聪敏，仰成家训，长通吏治，21岁登进士第，官至大理寺评事。南宋景炎元年（1276），元将伯颜攻陷临安（南宋京都，即今杭州），益王即位于福州，诏诸路忠义勤王，朱文焕率师入卫，旋即护驾南到广州。祥兴元年（1278）驻崖山。朱文焕后奉命抗元于北江，敌陷韶关，破英德，顺流直下，朱文焕迎击鏖战，昼夜不息。终因寡不敌众，全师败绩，朱文焕以身殉职。当时其子朱继贤也随父抗元，朱文焕殉难后，朱继贤负朱文焕遗骸趁夜潜至清远横石，安葬于清远市清城区飞来峡镇溢涌（土名簕竹坦），庐墓守孝三年。其间，购买上岳田庄。因横石里靠近北江，地势低洼，常遭水患，朱继贤移居广州诗家里，置家育儿。

元末明初，广州局势混乱，两岳朱氏六世祖朱子英因避兵燹之乱，携妻子回到上岳建立屋场，以诗书教育子孙后代。此地原由柴、米二姓安居，自朱子英安居后，柴、米二姓渐衰而朱姓日益盛大，逐渐广置田园，购置白牛迳一带税山、税田，并将旧横石一带无人管理的荒地（北至金斗角、溢涌、清水塘及北丽，南至石梨塘一带）禀官承税招佃，开垦变作良田，岁收租而食利。因考虑到子孙繁衍居住的需要，按当时风水地理意念，统一谋划上岳屋场的布局，按布局逐步建造，形成上岳村十八里的布局形态。

按2005年年底上岳8个自然村划分，朱姓3个房的后裔居住相对集中，上岳古村

普美学校课间操（2016 年）　　李协湖　摄

十八里的世居村民全部为朱姓，其中三房朱琳后代大都居住在横围片村、七页车村、黄姜岩村以及榨油岭村等，占全村总人口的 70% 以上；长房朱琇和二房朱瓒的后代，人数相对较少，主要居住在高禾堂村、上岳片村。其他人口较多的姓，如袁姓、黄姓等居住在横岭村、新香粉村，黎姓在定家堂村居住，麦姓、唐姓、曾姓等在新围仔居住。

人口　上岳村历史悠久，自元末明初两岳朱氏六世祖朱子英迁回上岳以来，经过近 30 代人的苦心经营，人口不断繁衍壮大。

据《两岳朱家族谱》统计，清道光至光绪年间（1821—1908），上岳村朱氏二十二世户籍人口约 1900 人。其后陆续有族人外迁，至民国末年，上岳村户籍人口约 2500 人。1958 年，上岳村分设上岳、榨油岭、秧坎咀 3 个生产大队，其中 1961 年 6 月至 1963 年 2 月，上岳大队分设上岳、高禾堂、横围 3 个生产大队。1990 年，上岳、榨油岭、秧坎咀 3 个行政村共有户籍人口 5154 人，其中上岳村 2611 人、榨油岭村 1114 人、秧坎咀村 1429 人。2005 年 5 月，榨油岭、秧坎咀重新并入上岳，称上岳行政村。至此，上岳村户籍总人口增至 5200 多人。

2016 年 12 月，上岳全村共有 1402 户，户籍人口 5798 人，户均 4.14 人。在户籍人口中，男性 2963 人、女性 2835 人，分别占全村总人口的 51.1% 和 48.9%。在上岳村男性人口（2963 人）中，朱姓为 2412 人（占 81.4%），其他 100 人以上的姓氏有袁、黄、黎姓，10 人以上不足 100 人的姓氏有麦、曾、唐、温、刘、卢、谢、何、胡、高、赖姓，不足 10 人的姓氏有廖、赵、邝姓。从全村的人口性别比例看，男女性别比（以女性为 100，男性对女性的比例）为 104.5，男女性别比为基本合理。全村共有劳动力 3734 人，户均 2.66 人。其中，男性劳动力 1977 人，占全村劳动力的 52.95%，户均 1.41 人；女性劳动力 1757 人，占全村劳动力的 47.05%，户均 1.25 人。全村就业人数为 3626 人，户均 2.59 人。其中男性劳动力就业人数为 1920 人，户均 1.37 人就业；女性劳动力就业人数为 1706 人，户均 1.22 人就业。

◉ 生态环境

地形　上岳村背山面水，西面岳山、北面龙山、东面象山（又名大岭头），南面是开阔平坦的农田，不远处有岳溪（湛江支流，即民安河）自北向南流过，村庄依岳溪衍生而成。

位于上岳村东北面甲水旺（地名）上岳水电站旁，是古冰川遗址。据地质学家考察，两三百万年前冰川融水沿着裂隙向下流动时，由于冰层内有巨大压力，呈“圆柱体水钻”方式向冰川漂砾强烈冲击、流动和研磨，最终形成深坑。这些坑极像南方舂米的石臼，因此称为“冰臼”。

上岳村的西、北、东三面分别被岳山、龙山和象山环绕，整个村庄及附近田地呈北高南低的地势特征。属于低丘陵区。村庄南面开阔平坦的农田由岳溪冲积形成，每逢降雨量大时，靠近岳溪的田地多遭受水灾。

周边的地形、地貌特征，决定了上岳村耕地土质偏沙性的特点，加上较为丰富的

上岳古村标志石（2016 年）　　李阳光　摄

千年冰臼（2016 年）　　李协湖　摄

广东省生态文明村——上岳村（2014 年） 黄超贤 摄

水资源，上岳村成为主要粮区、果区。粮食作物主要有水稻、甘薯、小麦等，其中以水稻为主。

附：上岳村自然环境①

说上岳村的自然环境是得天独厚的，一点也不夸张。上岳村建于岳山位置的上方，东面是古湛江乡的平原地带，南面是湛江下游的大片丰腴沃土，西面是清远市清城区飞来峡镇的北江峡谷，北面是接清水迳的连片山地。从清远旧横石至吉河乡（今属佛冈县）石角圩，还有一条古驿道，途中经过上岳村。

据《清远县志》记载："清远十九福地之上游，地号湛江，中有高峰拔地，古木参天，厥名岳山。在岳山上者称上岳，在岳山下者称下岳。"十九福地位于清远县北江西岸的飞来峡山（今清城区飞来峡镇），现在飞来寺旁仍有十九福地牌坊。上岳村地处北江与湛江交汇处的上游地带，距飞来峡山只有9千米，按照古代玄理风水选址建成。该村居中，左有青龙（岳溪）环绕，右有白虎（岳山）卧伏，前有朱雀（龟头岭）蜿蜒，后有玄武（龙山）坚挺。按古时堪舆大师的说法，上岳村的区位环境得天独厚，尽得山川灵气，是丁财旺地、兴族福地。

① 采访时间：2016 年 11 月 28 日；采访地点：佛冈县城；采访对象：上岳朱日进、朱汉荣。

上岳村的风水格局图　　　　　　　　县住建局　提供

正是由于上岳建村后的天时、地利、人和因素具备，族中人口繁衍顺利迅速，财富积累逐步雄厚，加上族规管理严密，耕读习武风气浓厚，所以发展快、人才迭出，历史文化积淀也特别厚重。

气候

上岳村大陆性气候显著（大陆度为 48.9%），属亚热带季风区，气候湿润，高温多雨，降雨多集中在春、夏季，年平均降雨量 2210 毫米，平均相对湿度 75%。由于地处亚热带，夏季多为东南风，冬季多为西北风，无霜期较长，平均无霜期为 322 天，有些年份全年无霜，无霜期最短为 278 天。适宜的温度和充沛的水量，为农业生产提供了较好的气候条件。

热量　热量条件是作物生长必需的环境因素之一。上岳村属南亚热带湿润气候，终年气温较高，年平均气温为 20.8℃。一般而言，每年 1—7 月气温逐渐上升，月际间升幅最大是 3—4 月；7—12 月气温逐渐下降，月际间降幅最大是 10—11 月。当地农谚有“芒种夏至，吃饱懒移”和“寒露起风”之说。“芒种夏至，吃饱懒移”，意思是说芒种、夏至节气这段时间，湿度大、温度高，人比较容易累，吃饱就不想动；“寒露起风”，是指过了寒露便开始起风，虽然气温逐渐下降，但仍比较高。上岳村民还发现，冬至期间气温有所不同。如“冬至初，冷天少，热天多”，即是说冬至初期气温仍较高；“冬至中，十个牛栏九个空”，指冬至中期气温较低，90% 的牛被卖掉；“冬至尾，卖了牛来买棉被”，指冬至末期气温最低，族人把牛卖掉购买棉被御寒。“小寒牛躺泥，大寒不出栏”，即在小寒时，上岳的气温仍比较高，耕牛需要到泥巴里躺着，借助泥水降温；大寒时，气温有较大幅度降低，耕牛不愿意出栏。

日照 上岳村日照情况和降雨情况相反。由于夏季多为雷雨、暴雨，短时间降雨后（锋面雨）仍有日照。从上岳村域的日照时间看，3—7 月逐月增多，8 月至次年 2 月逐月减少。其中，2 月的日照量最低，7 月最高。由于较少的光照对于长日照作物，如小麦、油菜、豌豆等生长不大有利；对于短日照作物，如玉米、甘薯生长有利；对于中等日照作物，如水稻、黄瓜、番茄等则无不利影响。为此，早稻的产量较晚稻一直偏低。新中国成立前，上岳村稻谷年产量一般为每亩 150 千克，新中国成立后逐步推广良种良技，稻谷年产量逐步提高，至 90 年代后，每亩年产量可达 800 千克。

水文 佛冈县是广东省三个多雨区之一，上岳村位于佛冈县境内的西南部，西有北江，南有滘江，其水文特点为降雨多。特别是春季降雨量最多，达 885.6 毫米，占年降雨总量的 40.1%；夏季次之，为 860.4 毫米，占年降雨总量的 39%。而到秋季，雨量明显减少；冬季最少，仅有 196.4 毫米，占年降雨总量的 8.9%。当地农谚有“立春有雨村村有，立春无雨人人愁”以及“清明时节雨纷纷”之说。意思是在立春时分，如果有充足的雨量，将为农作物的生长提供足够的水分，村村可能有一个好的收成，否则族人就要为吃饭发愁。谷雨时节是早稻生长的关键时期，需要足够的水分。如果降雨量不够，常常使族人着急上火。“谷雨没雨，送田还主”的农谚，便生动地说明谷雨时节若没有雨，就意味着一年在田上的投入将付之东流，不得不将租来的田送还地主。而小满和夏至时节，降雨量大，常常导致水灾，当地有农谚“小满江河满，夏至水流秧”，则说明小满和夏至两个时节常下大雨，河水高涨。如果降雨量偏少，晚稻生长缺水，同样让族人面临“立秋无雨使人忧”的局面。而在白露季节，当地的气温仍然较高，如有露水，将滋生蚊虫，所以有“白露无益人”的谚语。

上岳村的地表水主要是岳溪及降雨形成的水塘。其中岳溪（民安河上游）发源于石

上岳村甲水旺（2016 年） 李协湖 摄

象山泉水（2016 年） 谢春江 摄

角镇小潭村，顺流而下汇合西坑水、鹤田水，集雨面积 26 平方千米。在村东北面的象山有股山泉，泉水清冽甘甜，源源不断，有人用水管引水，每天有三四十人取水饮用。当地民谣曰 :“常饮象山泉，益寿又延年。”岳溪从上岳村中穿过，在村内形成 18 个水塘，不但为商业街上的鱼贩提供了存放活鱼的天然鱼池，而且为村庄良好的生态及消防用水提供了充足水源。1970 年，佛冈县政府在上岳村东北面建香粉水库，总库容 544 万立方米，也成为上岳村地表水资源。

古榕树（2012 年）　　徐海榕　摄

植被 上岳村三面环山（岳山、龙山、象山），一面靠河（湿江），村中植被覆盖面广。上岳村的植被包括山地、耕地、村旁 3 个部分。山地面积 1.2 万多亩，植被为林

岳溪沿岸（2016 年） 朱家佑 摄

木（主要是针叶林、阔叶林）、灌木和草本植物；耕地面积 3926 亩，植被为农作物（包括种植的各种农作物、果树等）；村旁包括路边、河边等种植的树木和自然竹木林，其中岳溪在上岳村域流过的 3000 多米的沿溪两岸，有自然竹木林十多处。此外，各村庄地域内还有一两处自然竹木林，保存有古榕、古松、古樟等。上岳古村百年商街旁西面有棵古榕树，据当地老人回忆，古榕树于清中期种植，至 2016 年已有三四百年的历史。古榕树盘根错节，枝叶繁茂，宽大的树冠像一把大伞，在炎热的夏天为人们遮阳挡雨，晚上古榕树下挤满纳凉的人们，为人们的生活增添不少乐趣。

在古代，村旁岳山上的林木被称为“古树参天”，后来因大量采伐而稀疏。70 年代毁林开荒，致使植被受到破坏。从 90 年代起，结合造林绿化、封山育林，使植被得到较好的恢复。2016 年，全村范围内植被面积达到 1.7 万亩（其中生态公益林 1000 多亩），占全村总面积的 80% 以上。

清洁设施 上岳村注重保持洁净的生态环境，改善污水处理设施。从建村时起，村民多在村外的山地荒野搭建简易棚屋饲养禽畜，当地称为耕厂，以减少人居环境的污染。在村内，生活污水一般利用水渠、溪流排出村外，小部分生活污水排入各里的水塘自然沉淀净化后，再排出村外。此外，村中不引进污染型企业，建成的玩具厂也完善污水处理设施。2010 年以来，结合深化农村综合改革示范点工作的开展，县政府对古村内的道路、地坪、水沟进行全面整治和清理，在村中分地段建成生化池，全村安装一纵五横 3000 多米的雨污分流管道，对生活污水做进一步处理，保持村容环境的干净整洁。

上岳村逐步完善生活垃圾处理设施，做好垃圾处理工作，改变过去生活垃圾乱丢乱扔的习惯。从 2010 年起，由村集体出资，在各个居住片区按民居聚集情况设置垃圾桶，其中古村范围内设垃圾箱、垃圾桶共 200 多个，并指定专人负责每日清运一次。生活垃圾由专人收集后运送到佛冈县垃圾处理场，最大限度地减少了因生活垃圾造成的污染。

位于上岳村口的“上岳村深化农村综合改革示范点”标志牌（2016 年） 李阳光 摄

在上岳村中各处设置的垃圾箱（2016 年） 李阳光 摄

横岭村入村公路（2016 年）　李阳光　摄

横岭村文化室及篮球场（2016 年）　李阳光　摄

横岭村乡村公园标志石（2016 年）　李阳光　摄

横岭村乡村公园水塘（2016 年）　李阳光　摄

美丽乡村建设

2016 年，按照佛冈县“全域风景化”的部署，上岳村范围内的横岭村、坑口村、新香粉村 3 个自然村开展美丽乡村建设工程。至 2016 年 12 月，坑口村已通过清远市的审查验收，横岭村、新香粉村主体建设工程已经完成并向清远市申报验收。

横岭村建设　横岭村位于上岳古村南面，距省道 252 线 1 千米。世居村民有黄姓、曾姓、朱姓，以黄姓居多。2015 年，全村有 52 户 200 多人，有耕地 180 亩、山地 30 亩。横岭村从 2000 年起逐步开展村庄改造和新农村建设，通过村民集资、政府支持等方式筹资 100 多万元，开展重点工程建设。2003 年，两条进村公路实现水泥路面硬底化，总长 800 多米，路面宽分别为 6 米和 3 米。2010 年，上岳村建成村文化室、篮球场和饮水工程，当年被评为县、市生态文明村。2012 年，编制规划并建成乡村公园。从 2016 年 9 月起，开展美丽乡村建设，委托佛冈县建设部门编制全村建设规划和后山公园建设规划。村政府在开展美丽乡村建设中投资 80 多万元，在继续完善原有设施的同时，维修改造破旧农房 20 多间；安装雨污分流管网 1000 多米，并建生化池 1 个；扩建乡村公园，增设活动场所，并开展宣传画廊等系列工程建设。2016 年，乡村公园面积 10.8 亩，内

横岭村文明道德宣传栏（2016 年）
朱家佑　摄

坑口村春节敬老活动（2014 年）　朱灿炉　摄

有水塘、广场、凉亭、健身、休闲漫步及小憩等设施；文化室有图书室、电子阅览室、校外教育辅导室、星光老年之家等设施。同时，加强宣传教育和村务管理，制定村民理事会章程，开展门前三包、村务公开、乡规民约、卫生公约、文明道德宣传等管理工作，使全村形成环境优美、文明卫生、团结和谐的氛围。至 2016 年 12 月，完成美丽乡村建设工程和后山公园主体工程，并向清远市申报验收。

坑口村建设　2016 年上半年，坑口村被定为清远市美丽乡村示范村建设点。坑口村位于上岳古村南面 5 千米处的滃江北岸，属上岳行政村辖，世居村民为朱姓。因清代上岳朱氏族人朱南斗在此建立耕厂（耕田及畜牧处），被称为南斗厂，故坑口村曾称为南斗村。坑口村居住区占地面积 7000 多平方米。2015 年，全村有 31 户 174 人，耕地、林地面积共 122 亩。村庄属于丘陵地带，坐北向南，村后靠山。村民主要收入来源除传统农业外，还有养鹅、养猪以及外出经商或务工等。2009 年，坑口村基本实现村道水泥路面硬底化、住房楼房化；2012 年，建成文化室和乡村公园，美化、绿化、亮化工程也步上新台阶。坑口村启动美丽乡村示范村建设点工程后，成立村民理事会，围绕“村貌美、环境优、设施齐、民风纯”的建设目标，组织带领村民投入项目建设工程。此次建设项目总投资为 130 万元，由市、县拨付和村自筹的渠道筹集。主要项目包括旧危房的维修加固、雨污分流系统建设、饮用水安全工程建设、村前广场及道路建设、村周边绿化建设、村德育基地建设和文化氛围创设等。在施工中，拆除破旧农房十多间，安装雨污分流地下管网 3000 多米，并在村边建成全长 150 米的混凝土排水明渠。同时，还进行土地整合和涉农资金的整合，为农村综合改革的深化发展提供坚实的基础。坑口村十分重视对村民文化素养和道德规范的教育工作。作为朱熹的后人，历代村民都传承和发扬朱熹文化，诵读《朱子家训》，并以此教人向善，做一个道德高尚之人。自 2012 年建成村文化室后，村中青壮年自发创立南斗村敬老基金会，并制定敬老基金会章程和成立敬老基金理事会。通过自愿募捐的方式，每年都筹集 2 万元以上的善款，用于平时对村中老人慰问活动。每年春节期间，外出经商、务工的宗亲乡贤都会相约回村，全村齐聚一堂进行集体敬老活动。2016 年 12 月 27 日，坑口村通过清远市美丽乡村建设验收组的审核验收，成为清远市美丽乡村建设的示范村。

坑口村竹林（2016 年）　　朱家佑　摄

新香粉村建设 新香粉村位于上岳古村南面 1.5 千米处（土名九条圳），属上岳行政村辖，世居村民有袁姓、温姓、黄姓，以袁姓居多。因 1970 年佛冈县政府在上岳古村的东北面修建香粉水库，水库所在地的香粉村整村迁至现址，故名“新香粉村”。2016 年下半年，新香粉村被定为清远市美丽乡村示范村建设点。新香粉村居住区占地面积 2.1 万平方米。2015 年，全村有 80 户 308 人，有耕地 180 多亩、山地 7000 多亩（在香粉水库旁）。村民主要收入来源为农业耕作、外出经商务工等，还有政府对山地的生态林的补贴。村庄在水库移民建村时主要靠政府补助和集体建房，建成的房屋排列整齐，都是四门归厅的广府正座民居，但因全部是泥砖砌墙，且时隔 40 多年，许多房屋成为危房，居住环境也较差，污水横流、人畜混居等状况急待改变。新香粉村美丽乡村示范村建设点工程启动后，成立村民理事会，全村村民热情高涨，积极投入建设工程。此次建设项目总投资 130 万元，由市、县拨付和村自筹的渠道筹集。主要项目包括危房拆除、房屋维修加固、雨水污水分流、禽畜圈养、道路（含巷道）水泥路面硬底化改

新香粉村全貌（2016 年） 朱家佑 摄

新香粉村公园（2016 年） 朱家佑 摄

造、公园和文化室建设等。在工程实施中，全村拆除危房 40 多间，埋设污水排流水管 3000 米，加固维修房屋（正座）50 座，建有三级化粪池 80 多个（每户一个），建成容积 100 立方米的生化池 1 个。此外，村道（含巷道）水泥公路硬底化改造工程基本完成，乡村公园设有文化室、篮球场、羽毛球场、儿童健身设施等。2016 年 12 月，新香粉村美丽乡村建设主体工程基本完成，并抓紧实施绿化美化、禽畜圈养等工程，同时报请清远市美丽乡村建设验收组审核验收。

◉ 基础设施

交通 上岳村古属清远县管辖，从明后期起，清远县城至吉河乡（今属佛冈县）石角圩形成一条古驿道，途中经旧横石、上岳村，并经龙南到达石角圩。在水路运输方面，从民国中期起，上岳村置备快艇（一种人力小木船，当地称“快艇”），从岳溪可通至滘江，逆水向东可通至石角圩，顺水向西可通至北江。

上岳村位于清远县城东部偏北，距清远县城 26 千米。从上岳到清远县城，陆路可沿乡间小道步行到旧横石再到达清远县城，往返一次需一天时间。水路可从上岳担水埔码头乘快艇，沿岳溪顺流向南驶入滘江，沿滘江顺流向西驶入北江，再沿北江顺流到达清远县城，往返一次也需一天时间。民国期间建成铁路，在旧横石设有火车站，从上岳小路步行 5 千米到旧横石火车站后，沿京广铁路南下可达广州，北上可达韶关。

新中国成立后，先后建成通上岳村的公路 3 条。其中省道 252 线接通佛冈县城至上岳村。省道 252 线原为古驿道路址，60 年代初在原古驿道路址上改建成石社公路（佛冈石角—清远社岗），1969 年将石社公路延伸至旧横石，接银英公路，定为县道 3221 线（佛旧线，佛冈—旧横石）。1994 年将佛旧线改建为省道 252 线南段，从上岳村南部通过，接通佛冈县城和清远市清城区银英公路。2013 年，根据佛冈县乡村风情长廊建设规划，省道 252 线佛冈县城至上岳村段改造为混凝土沥青路面的高等级公路。县道 376 线（民安—龙山）于 1991 年建成，全长 8 千米，接入省道 252 线。上岳村接省道 252 线的乡村公路有 2 条，分别是村西部的榨油岭村，南部的黄姜岩村和秧坎咀村公路。从上岳乡道进入省道 252 线经民安圩，再经龙山黄塱村和凤洲大桥（跨滘江的大桥），可达龙山镇区并接入国道 106 线。此外，省道 354 线（清远至佛冈龙山段）改造工程竣工后，随即修建乡道 375 线（省道 354 线—省道 252 线），经过上岳村的横岭、新香粉等村后会入省道 252 线。以上 3 条通上岳村的省道 252 线、县道 376 线和乡道 375 线建成后，彻底改善了上岳村的交通条件。从上岳村出发，东北通佛冈县城后北上韶关、南达广州，南可通龙山镇会入国道 106 线，西可经清远市飞来峡镇接京广铁路和银英公路。此外，上岳村各自然村之间公路也全部实现水泥路面硬底化，形成四通八达的公路网络。

京广铁路横石段（2016 年）　　朱家佑　摄

省道 252 线民安段（2016 年）　　朱家佑　摄

1994 年改建的上岳庙桥（2011 年）　　徐海榕　摄

交通状况的改善，给村民生产生活带来便利，推动经济的发展。村民出行从原来靠步行和乘船，逐步由自行车、摩托车、汽车代替。民安河流量较小，发展水路交通运输比较困难，而陆路交通运输快捷，人们出行都从陆路走，所以新中国成立后水路运输船只逐渐退出历史舞台。

90 年代末期，上岳村民开始大种砂糖橘，有些种植大户年收入近百万元，所以有不少村民买了汽车、摩托车。公共交通日趋完善，至 2016 年，省道 252 线经民安圩通上岳村，县公交车每 30 分钟就有一班到达民安圩，每天上午、下午各有一班客运班车来回民安和广州，交通十分便利。

水利　上岳村虽然水资源丰富，但一些地势较高的耕地仍经常受旱。如果遇到久旱不雨，农田灌溉用水便显得异常紧张。为改善农田灌溉用水状况，于清代起就修建堤围（当时称“基围”）多条，包括大份田基、七页车基、担水埔基、沙田尾基等。新中国成立后，上岳村改建及新建的灌溉水陂有甲水旺水陂、上岳水陂，并在水陂建成灌区。

上岳村甲水旺水陂始建于 1956 年，1975 年改建。改建后该水陂上游集雨面积 37 平方千米，陂总长为 36 米，高 3 米，进水闸净宽 1 米，引水量 0.3 立方米 / 秒，灌区渠道总长 10 千米，灌溉农田面积 1500 亩。灌区渠道中最具特色的是位于上岳村东面象山山坳的过山引水渠，用钢筋混凝土建造，建有 6 个墩支撑，利用物理连通器原理，通过全封闭的渠道把水从一边山头引向另一边山头。这种特殊构造的引水渠在佛冈县内是首创，也是唯一一例。改革开放后，过山引水渠的引水作用已经失去，但村民可驾驶小型机动车在渠面通过。

为了进一步改善农田水利灌溉状况，1963 年，上岳村又建成上岳水陂（当地称上岳大陂头）。该水陂上游集雨面积 41 平方千米，陂长 44 米，高 1.6 米，进水闸净宽 1.5 米，有省道 252 线从水陂旁边经过。同时，为旱涝保收，减轻洪水造成的灾害，上岳村对逐年窄浅的民安河道（岳溪）进行改造疏浚。

1970 年 8 月，佛冈县在上岳村东北面兴建香粉水库，1973 年 5 月竣工。原址村庄整体搬迁至上岳村东南部建村，称为新香粉村。香粉水库集雨面积 4.8 平方千米，坝高 32 米，坝长 115 米，总库容 544 万立方米，供水灌溉面积为 3000 亩。香粉水库建成后，为充分利用水源，由当时民安人民公社提请佛冈县人民政府修建民安渡槽，引水到上岳村东南部的大埔地（古时为走马坪处），实施旱地改水田工程。民安渡槽为“U”形薄

位于上岳村象山的过山引水渠（2016 年）
李协湖　摄

香粉水库（2016 年）　朱家佑　摄

整治后的上岳村秧坎咀村河段（2016 年）
朱家佑　摄

民安河上岳村段（2016 年） 朱家佑 摄

壳槽，分为 122 卡，每卡长 7 米，全长 854 米，为佛冈县内最长的架空渡槽。渡槽引水灌溉农田面积达 1000 多亩，不仅使大埔地 150 多亩的旱地变成水田，而且使附近农田灌溉条件得到改善。1980 年后，因农业布局调整，民安渡槽停止使用。2012 年，民安渡槽被列入佛冈县不可移动文物名录。

2013 年，根据《广东省山区五市中小河流治理实施方案》和佛冈县的部署，开展对民安河（岳溪）综合整治，由广东省水利水电建设有限公司组织施工。工程项目包括疏浚河道、修筑护堤、修建排水涵管等。2016 年，从上岳村至秧坎咀村至旧民安河道治理主体工程已基本完成，配套工程仍在完善中。

电网 60 年代至 70 年代，农村供电仍然比较紧缺。为了响应政府大办农村小水电的号召，缓解农村用电紧张的状况，上岳村在位于村北 5 千米左右的甲水旺（地名）兴建水电站，装机容量 180 千瓦，年发电量 58 万千瓦时，后因水源不足而废弃。80 年代中期，佛冈县供电局设立民安供电所。1993 年，110 千伏龙山变电站建成，架设 10 千伏龙民线（龙山—民安），在上岳村设置变电设施。1998 年成立民安电管站，后供电所与电管站合署办公，上岳村电力设施纳入国家电网建设，2000年开展农村电网改造，电力设施得到较好的改善。2016年，上岳村安装供电变压器十多个，配电网线遍布各村庄。

通信 上岳村处于佛冈县城的西南部，距县城约20千米，是佛冈县与清城区交界的村落，为加强与各界联系，上岳村50年代后期通有线电话，90年代通无线电话，2000年通网络。至2016年，在上岳建成3个差转台（机站），信号全面覆盖上岳村域，上岳村民几乎人人有移动电话。

◉ 社会民生

文化教育 朱熹是南宋时期著名的理学家、教育家，是与孔孟齐肩的一代圣人。作为朱熹后裔的上岳族人，遵从先祖朱熹“诗书不可不读、礼仪不可不知、子孙不可不教”的遗训，十分重视文化教育。该村利用祖尝筹办族学，甚至利用祖尝对成绩优秀或家庭困难的学子提供奖励或资助，以确保子弟能接受到较好的文化教育，提升族人的文化素质，增强全村的整体实力及其朱氏族人在当地的影响力，以利于朱氏更好的创业、发展、振兴。

早在明清期间，上岳村就致力于兴办社学书院，延师教育子弟。清嘉庆二十二年（1817），上岳绅耆在观音庙侧共建育贤社学，还先后开设上岳社学、泗吉堂私塾等。其中在社学就读的上岳人每年约20人。另外，还有上岳人在下岳村创办的岳麓书院就读。从清代至民国初期，上岳的私塾就一直没有停办过。30年代，私塾校舍都是以祠堂、公

上岳村教书育人复原场景图（2016年） 李阳光 摄

上岳村组队参加龙山镇春节篮球赛（2016 年）　　朱福明　摄

房或一些闲置民房为主，教师只有 1 ~ 2 人，每年就读的儿童有 40 多人，办学经费由朱氏祖尝和房系堂口共同筹集。1932 年，上岳村办起象贤初级小学，校长为朱冠英；普美初级小学，校长为朱晓山。在当时的社会背景下，能入学的人数毕竟不多，加上男女不平等，所以未入过学的村民很多。1936 年，上岳村倡建普美学校。1943 年，象贤、普美两校合并，校址迁至村外鹤嘴禾塘寮，称“国民小学”，入学人数为 30 多人。1948 年，普美学校建成，这是当时滘江地区规模最大、设备最完善的乡间民办小学，除上岳儿童入学外，还招收邻村儿童入学就读，在校学生增至百多人。

1949 年后，普美学校更名为上岳小学，由民办转为政府办学。此后，对校舍进行改建、扩建。2007 年，经佛冈县人民政府批准，上岳小学恢复原“普美”校名，教学设备不断完善，成为一所设施齐全、教学质量较优的规范化学校。2015 年，普美学校有 1 ~ 6 年级共 21 个教学班，在校学生 902 人。

上岳村朱氏族人不仅崇文，而且尚武。上岳自建村始，族人便形成习武强身的风气，村中设置练武场所，置办练武器械，由族中祖尝出资聘请武师教导族人习武，并与私塾学堂教学相结合，使族中青少年既学文化，又习武术，以期造就精通文韬武略的出色人才。

两岳村自宋末至清代人才辈出。朱熹第六代孙、两岳始祖朱文焕，21 岁中进士，官至大理寺评事，南宋末年诏督师抗元，以身殉国。两岳六世祖朱子英长子朱璧，少登举人，授兵部主事、工部主政；次子朱莹为明洪武年间（1368—1398）进士。明末清兵南下到清远，翰林学士朱学熙会同陈邦彦等力抗清兵，最后以身殉职。凡此等等，不胜枚举。朱家子弟爱知识、爱读书、爱国家、讲贡献的优良传统代代传承，并不断发扬光大。新中国成立后，习武风俗转变为开展体育活动，村民参加乒乓球、篮球等比赛，其中 2016 年组队参加佛冈县篮球协会举办的篮球赛，获男子乙组第七名。

医疗卫生 民国期间，上岳村未设立专门的卫生机构，村民身体不适，一般自采草药或请民间医者治疗，病情稍重者则到民安圩、龙山圩的私人诊所诊治，如患上大病只能束手无策，听天由命。

新中国成立后，缺医少药的状况有所改变。1958 年，全县各区设立卫生院，上岳村民可就近到民安卫生院诊病。70 年代，佛冈县兴办农村合作医疗，上岳设立大队卫生站，配备乡村医生（又名“赤脚医生”），生产队设置保健员，健全医疗卫生网络。80 年代中期，农村合作医疗因经费统筹问题解体。2002 年，根据国家的政策，办起新型农村合作医疗。到 2012 年，上岳村村民参加新型农村合作医疗者达 100%。

2016 年，上岳村仍办有医疗服务站 2 所（也称“卫生站”），村民患有常见的普通疾病，一般都到医疗服务站就诊。

社会保障 民国期间，上岳村同各地一样，由于社会动荡、战乱频繁，村民生活处于不稳定状态。虽然上岳村在灾荒年间实施平粜、赈粥等善举，使灾情有所缓解，但也只能解一时之困，不能形成有效的保障制度。

新中国成立后，上岳村逐步建立五保供养、抚恤救济等制度。改革开放以来，随着社会的进步、国家的富强，人民生活不断提高，上岳村社会保障体系不断完善。特别是进入 21 世纪，农村复员军人生活补贴、军烈属及残废军人优待、城乡居民最低生活保障、五保户供养、参加新型农村合作医疗的按比例补贴等，都得到了较好兑现。特别是农业税的免征、九年义务教育的普及，为减轻村民负担、改善生活条件奠定了基础。

自推行新型农村合作医疗制度后，上岳村积极宣传，鼓励村民加入，经济条件比较好的村民小组帮村民缴费。新型农村合作医疗为以大病统筹兼顾小病理赔为主的农民医疗互助共济制度，大病补偿比例不断提高，解决村民看病难、看病贵甚至看不起病的问题。如中心村的朱某玲于 2015 年 1 月 1 日赴粤北第三人民医院治病，共用医疗费 4.24 万元。经医治出院后，报销 2.45 万元，大大减轻家庭经济压力。与此同时，为了普及居民健康生活方式，推动乡村文明建设工作，佛冈县卫生和计划生育局联合县人民医院、

上岳村乡村公园（2016 年）　　李阳光　摄

上岳村广场一角（2016 年）　　李阳光　摄

县中医院和龙山镇计划生育办公室于 2015 年 9 月 25 日在上岳村开展佛冈县南粤幸福活动周“幸福大礼包”大型义诊和健康咨询活动。在活动中免费为群众测血压、血糖、血脂和心肺听诊等常规检查，现场发放健康宣传册，普及生殖健康、科学养生等知识，为需要服药的老人开具处方、赠送药品，为行动不便的老人检查身体。通过义诊活动，不但让村民在家门口看病就医，而且让居民足不出户就可以享受免费的医疗服务，同时提高村民的健康知识水平，增强村民的健康保护意识。

据 2015 年第四季度上岳村村民入院住疗由新型农村合作医疗补偿情况统计，在入院住疗的 19 人中，入住省、市级医院的 8 人，入住县医院的 11 人；医疗费用共计 32.49 万元，人均 1.71 万元；补偿金额 17.92 万元，人均 0.94 万元；补偿金额占医疗费用的 55.2%。

随着社会救助体系的逐步完善和五保供养制度的不断健全，上岳村对一些处于最低生活水平以下而无劳动能力、无生活来源、无法定赡养扶养义务人，或虽有法定赡养扶养义务人但无赡养扶养能力的老年人、残疾人和未成年人，均通过社会救助或五保供养的形式保障其基本生活。上岳村内设置的五保村，不但提供住房，而且供给粮油、燃料、服装、被褥等用品和零用钱。至 2015 年，入住老人采取“互助供养”模式，自我管理，不需要服务人员。据 2015 年第四季度上岳村经济救助情况统计，受救助户 16 户（其中经济优抚户 13 户、孤儿抚养 3 户），救助金额 2.79 万元，户均 1744 元。全村有五保老人 69 人，其中在龙山镇敬老院集中供养的 11 人，在上岳五保村居住的 11 人，散居的 47 人。2015 年，全村供养金额为 43 万多元，人均 6240 元。

居民生活　民国时期，上岳居民生活环境不稳定，有时处于相当恶劣的状态。在社会治安方面，国民政府苛捐杂税名目繁多，经常催租追捐，同时受日军飞机轰炸，国民政府军及地方武装、盗匪滋扰，上岳居民缺衣少食，担惊受怕，影响生产生活秩序。在生产方面，主要以农业耕作为主，部分村民兴办铸锅厂，同时从事商业活动。上岳村还有种麻、纺线、织布的习惯，织出的布称为“薯莨布”，多为自织自用。还有村民从事打铁、木工、榨油等服务性行业，多为作坊式店铺，并在村中形成商业街。同时，因生产设施条件差，防灾害能力弱，生产易受自然灾害侵袭。洪灾发生时，往往因北江水倒流而淹没农田、倒塌房屋，造成重大损失。在家居设置方面，因居民温饱仍未解决，家居设置十分简陋。照明多用松明、竹枝，少数人家用上煤油灯。饮用水主要是井水和溪水，家庭生活处于艰苦状态。在民俗习惯方面，上岳村保存有抢花炮、舞狮、上灯和祭祀等民俗活动，还有妇女裹脚、绞脸等广府习俗。

上岳古村一角（2013 年）　宋抗壹　摄

新中国成立后，居民生活艰难困苦的状况逐步得到改变。在 50 年代至 60 年代，虽然粮食仍然不足，物资短缺，但社会治安稳定，并在 60 年代初开始使用电力，农业生产条件得到一定的改善，居民生活水平有所提高。“文化大革命”期间，居民生活状况改变不大。此外，一些民俗活动因政治运动的影响而停办。

改革开放后，随着经济社会的发展，居民生活水平逐步提高。80 年代初期，全村实行家庭联产承包责任制，村民的生产积极性极大提高，农、林、牧、渔业全面发展，到 80 年代后期基本实现温饱，家家有余粮。特别是通过落实全省山区工作会议，开展农业结构调整，发展“三高”农业，提高农业效益。村民收入有较大的增加，生活水平明显提高。

进入 21 世纪，按照科学发展观“以人为本”的理念，佛冈县贯彻执行全国、全省的支农惠农政策，全面加强社会保障，为农村加快发展和村民生活水平的提高提供更加优越的环境。2003 年起减半征收农业税。2005 年 1 月起，国家全免农

上岳村民新建的住宅楼（2016 年）　　朱家佑　摄

业税费，上岳村每年 500 多吨的公粮免交，仅此一项就可为村民每年增加近 100 万元的收入。同时，通过落实各种惠农补贴政策，计有种粮补贴、农资综合补贴、良种补贴、农机具补贴、家电下乡补贴、汽车摩托车下乡补贴等，村民实际收入不断增加。随着农村多种经营特别是砂糖橘产业的兴起，居民经济收入有了极大的提高，洗衣机、汽车、摩托车等高档耐用消费品纷纷进入农户家庭，村民都用上自来水、液化石油气，很多人家建起新楼房，家居设置也焕然一新。根据传承和发扬优秀传统文化的新形势，上岳村结合新农村建设和发展旅游产业，许多优良传统习俗得到恢复和继承，极大丰富了村民的精神文化生活。

◉ 村域经济

农业　明初，两岳朱氏六世祖朱子英回上岳居住，购置白牛迳一带荒山野地为祖尝，招租批耕收租。白牛迳包括土名东坑、西坑、大茅田、小茅田、香粉坑、斩田尾、拖沙坑、狮子尾、桐油冚、大水冚、风门、糖片、崩冈、木鱼潭、大迳等处，属四水归源范围。该处地域广阔，东至徐家山场为界，西至刘家山场为界，南至坑内一带朱姓田地，北至英德县界为界。耕地与山地共 500 多亩（其中耕地 300 多亩）。所收稻谷缴纳官府赋税后，按“主三佃七”的比例计算，上岳村年实收租谷 700 多石（约 17 吨）。白牛迳的开发为上岳村发展提供厚实的经济基础。

由于上岳地域较宽阔且较偏远，从清后期起，有的佃户、租户为了方便耕种就在当地搭建简陋的茅草屋（俗称“耕厂”），居住下来开荒种田。上岳村在村外先后建有近10个耕厂，如南斗厂、信寄厂、坑口厂、财吉厂等，耕种周围的田地。年复一年，各处耕厂人口增多，民国中后期由几个耕厂的人合并成一个小村，归属上岳村。

90年代初，上岳村村民逐步发展砂糖橘种植。经过三年的种植、管理，砂糖橘供不应求，给上岳村民带来显著的经济效益。于是，村民抓紧机遇，在90年代中期利用水田、旱田的平缓山坡地开始种植砂糖橘，至2007年形成规模化产业，成为村民致富的产业。据统计，上岳村种植砂糖橘最高的年份总面积达到9780亩，年总产量达到2万吨，总产值有8000多万元。其中，种植砂糖橘年收入达到50万元以上的有20多户，一般的农户年收入也有十多万元。上岳村村民种植的砂糖橘色泽鲜红、口感清爽，无渣、无核，清甜可口。上岳村根据砂糖橘销售的需要，组织营销队伍，开拓产品销售渠道，并在民安圩和上岳村设立砂糖橘交易中心，负责民安地区砂糖橘的收购、销售业务，上岳村砂糖橘远销全国各地。2010年，佛冈县被评为“全国兴果富农示范县”。在90年代后期至2013年期间，砂糖橘产业的兴起，成为上岳村村民经济收入的重要支柱，被村民称为“富民产业”。

从2013年起，上岳村村民种植的砂糖橘因患柑橘黄龙病而逐步消退。上岳村积极应对，及时作出产业调整计划，有的村民改种火龙果等优质水果，有的村民连片种植蔬菜，有的村民种植茶树发展茶叶生产，有的村民种植绿化树（用于出售），还有的村民发展养殖业，全村农业生产持续发展。其中，朱岳强于2015年创办生态茶园，茶园位于上岳村南部的大埔（地片名，在民安中学附近），总面积约70亩，种植的茶叶品种为“英红九号”，主要是把摘下的鲜茶叶运送到英德市英红镇加工成茶叶成品出售。

砂糖橘果园（2012年）　　宋抗壹　摄

水稻丰收图（2016 年） 朱家佑 摄

村民种植的砂糖橘（2016 年） 朱家佑 摄

村民种植的甜玉米（2016 年） 朱家佑 摄

村民种植的火龙果（2016 年） 朱家佑 摄

砂糖橘产业调整后的百亩蔬菜基地（2016 年）
朱家佑 摄

村民种植的绿化树（2016 年）
朱家佑 摄

生态茶园（2016 年） 朱家佑 摄

鹅场（2016 年） 朱家佑 摄

工商业

上岳村的工商业于明清期间的作坊式作业起步，随着历史的进步而发展，主要有建材、铸造以及后来发展的工商业户。

建材业 上岳村建造民居的材料主要是砖瓦和石材、木材，其中砖瓦由上岳村自办砖瓦厂烧制青砖和灰瓦，以供村民建房。古代烧制砖瓦多采用霍公窑（下部圆形、上部尖顶的窑），用木柴为燃料烧 3 ～ 5 天而成。60 年代，有村民采用立地窑，用煤作燃料烧成红砖。古代上岳建造房屋及祠堂、石桥等公用设施需用大量石材，其中洪圣古庙旁的庙桥是村中最大型的石板桥。庙桥建于清中期，有 4 个石桥墩，桥面由 12 块石板铺成，整座桥用石材 68 块，总重量达 160 吨。此外，村中祠堂的石柱每根重约 4 吨，还有房屋门框、天井等也使用大量石材。据村中老人说，建筑石材大多在远处的石场（如番禺县莲花山）采挖成形后，沿北江水路运至滘江口（滘江汇入北江的水口），沿民安河道逆流而上运至上岳村。在古代，因当地山场处处长满大树，故建筑用的木料主要是就地取材，即在上岳村及附近山场砍伐后运到村中作建筑用材。60 年代至 70 年代后期，上岳几乎各生产队都办起砖瓦厂，全村有砖瓦厂十多间。其中，黄姜岩村朱伟梓一家办起的红砖厂，产品除供应本村村民建房外，还销售到附近村庄。80 年代以后，为保护环境资源，停止取泥烧砖，各砖瓦厂先后停办，所需建材转为从外地购进。

铸造业 上岳村的铸造业主要是民国初期建办的五和锅厂和新隆锅厂，两者规模相当。其中，五和锅厂位于上岳村上东山里、东岳楼北面约 2 千米，原址在朱怡堂，后迁牛栏岭，占地2亩余，由朱世林创建。该厂主要生产铁锅、犁头、铁砂（火药枪的子弹）等。民国中期，因创办人年逾古稀，交由儿子朱际湖管理。朱际湖聪明能干，善于经营，管理到位，生意做得红红火火，远近闻名。其产品经船运销往佛冈县其他地区和英德县、清远县等地。50 年代起，上岳村铸造业因锅厂迁离而停办。

船运业 上岳村依山傍水，村前不远处民安河（岳溪）自北向西南流过，汇入滘江，为上岳村提供便利的水上交通条件。上岳祖辈利用祖尝置办的两艘快艇（人力小木船）从事货运，来往于关前圩至滘江河段，大多运载一些生产资料如石灰等，经营收入纳入祖尝。当时村里学堂的开支便来自于船运收入。

上岳村村民当初只从事货运，货运快艇后增至 5 艘，均为人力划艇，主要往返于上岳村至清远县城，采购上岳商街店铺的货物和村中需用的物资。至民国期间，划船村民经请示族长同意后，联合购置快艇两艘，打上“上岳快艇”的旗号，也是人力划艇，从事客运，每天往返于民安圩附近的淡水埔码头与滘江口及清远最大的码头——南门头码头。当时从事客运的还有从化围与关前村联合置办的一艘快艇。由于上岳人的快艇配备有枪支，航运途中没人敢抢劫，比较安全，周边村民及往来客商大都选乘上岳快艇，因而生意红火，而从化围、关前村的联合快艇则生意萧条。后为抢夺客源，造成同行间的恶性竞争，曾导致宗族间纠纷械斗。

上岳村除村中的船运外，还有在外地从事船运的族人。1930 年起，族人朱庆忠自购船舶，在北江、珠江从事货运，主要运输柴、炭、竹、木、粮食和日用品，装运地点有广州、清远、英德、韶关等地，后在清远县城开有 4 间商铺。朱庆忠曾捐资建造清城电影院。50 年代起，因建办佛冈县水上运输社（后改为佛冈县水上运输公司），承担滘江河段至北江的客货运输业务，加上上岳快艇越来越不适应村民运输需要，上岳快艇因此停止运作。

圩场 民安河从上岳村前自北向南流经滘江汇入北江，通清远，因而上岳的水上交通十分便利，在民安河下游距上岳村 1 千米的桔仔冚（地名）形成民安圩。民安圩始建于 1926 年。民安圩形成前，上岳及附近村的村民都到不远处的关前圩（今龙山镇关前村）趁圩赶集。民国前期关前圩在联乡与合乡姓氏发生械斗时被烧毁，后来新建龙山圩（即龙山旧圩场）和民安圩两个圩场。民安圩建成后，由于当时陆路交通不便，清远县城和佛冈县城的陆路只有人行小道，其中通往佛冈县城只有石角至旧横石的古道，货物运输只能从水路用木船运载，把当地的农副产品运出去，再从清远等地把生产资料和生活用品运回来，供圩场各商铺销售。民安圩依民安河畔而建，圩场建筑呈“工”字形，南北走向，南向为圩头，北向为圩尾，有商铺 40 多间。因为圩场北头（圩尾）建在山坡上，只能建成几级。骑楼底（走廊）用火砖或卵石铺设，街道为泥路。民安圩圩头是民安乡公所所在地。圩头和圩尾都有圩亭，用作市场摆卖。市场分设牛市、猪市以及家禽、瓜菜、米糠、番薯藤干等摊档。商铺主要经营杂货、烟丝、药材、大米、布匹、住宿、饮食等业务。当时

民安圩老街（2016 年） 朱家佑 摄

的华成茶楼比较讲究卫生，茶客来“叹（饮）茶”时，招待员（又叫服务生）把食具用开水浸泡后，还拿来一叠手掌大的净纸把碗筷擦拭，兼之店主能烧制几款可口的菜式和点心，经营得法，所以生意兴旺。大德肉铺除在圩场经营肉食外，为扩大销售，还派人肩挑肉担到乡下销售。朱新牛皮店把收购的生牛皮加工制成半成品作鞋底用，制成皮底鞋出售。那时人们生活贫困，只能剪两块脚底大小的牛皮，边沿凿几个孔，用白带子穿串成皮底鞋。圩尾有鸦片烟馆和番摊赌档，当赌档人旺时，还有一些戏班出身的男女艺人卖唱，几十支粤曲牌让人现点现唱，收取小费。每年春节期间，圩场最吸引人的是舞狮表演。邻近村庄的舞狮队到民安圩表演舞狮，到商铺门口发帖拜年，恭祝商店生意兴隆，发大财赚大钱。同时，每年圩场都按例到广州请戏班演戏（粤剧），经费主要是由四张番摊台投标出资。在河边沙滩上搭起戏棚，一般演出四天五晚，所请的戏班中有省城演艺明星，如苏州女卢启光、白玉麟等。新中国成立后至 60 年代，民安圩仍是上岳及附近村民趁圩赶集地。因民安圩建在山坡与民安河之间的狭地，陆路交通不便，影响圩场扩展。1970 年，圩场迁至龟头岭（上岳村秧坎咀地域）。民安圩搬迁后，圩场旧址称为“旧民安圩”，成为上岳村的一个自然村落；圩场新址称为“新民安圩”，距上岳村委 1 千米，作为民安公社（乡、镇）驻地。经过多年的发展，新民安圩地域宽阔，交通方便，商铺林立，街道纵横平坦，商品琳琅满目。2004 年 5 月，民安镇并入龙山镇后，民安圩仍作为民间圩场使用。

工商业户

上岳村工商企业起步于 70 年代，最初建立村建筑队，后来与镇、县的建筑企业整合为资质建筑企业。上岳村早期从事建筑业的朱茂平，1975 年组织建筑队先后到韶关、广州承揽建筑工程业务，并在上岳横围域内建成自用的混凝土框架 3 层楼房，为村中最早建成的框架结构楼房。在上岳村工商企业发展过程中，既有上岳村人在外地建办的，又有外村人在上岳村域建办的工商企业。

上岳水电站 2007 年建成，位于上岳村北部的甲水旺，利用岳溪水发电，由附近村人承包。2016 年，有发电机组

上岳水电站发电机组（2016 年） 李协湖 摄

佛冈县华业有限公司（2015 年）　　黄子贤　摄

佛冈县酒厂有限公司（2016 年）　　李阳光　摄

2 台，总装机容量 180 千瓦，发电量 13 万千瓦时。

佛冈县华业建筑安装工程有限公司、佛冈县华业房地产开发有限公司 分别创办于 2001 年、2003 年，位于佛冈县城青松西路，从业人员 300 多人，从事单位和个人楼房、商品住宅楼房建设，开发商品住宅区十多个。

佛冈县酒厂有限公司 创办于 2002 年，位于佛冈县城西部，总面积 1 万平方米，建有办公楼和生产车间。生产车间采用连续煮饭机等新设备，安装蒸煮到成品的全自动生产线。公司主要生产“南星”牌各种规格的纯正米酒，在县内及周边销售。

广州市北江物业发展有限公司 创办于 2001 年，公司位于广州市海珠区，主要业务为建筑装修、房地产开发和物业管理，管理的物业包括药品、饮食、超市等 17 间商铺，商铺用工人数 500 多人。

公司生产的南星牌纯正米酒（2015 年）　朱玉山　摄

北江物业发展有限公司的物业——大参林、百源堂（2016 年）　　朱茂平　摄

佛冈县上岳芒形山花岗岩有限公司（2016 年）　　李协湖　摄

佛冈县上岳芒形山花岗岩有限公司　位于上岳东部省道 252 线旁，为国家非煤矿安全生产标准的三级企业（矿山），主要生产用作建筑混凝土的花岗岩石料，产品销售到佛冈县内外。

万兴（佛冈）玩具有限公司　创办于 2001 年，位于上岳村高埔塱（省道 252 线旁），为国家安全生产标准化企业。全厂总面积 50 亩，建有铸塑、喷油、移印、装配 4 个车间，工人 600 多人。主要加工捷达、富美思公司品牌的各种儿童玩具，销售到欧美及东南亚等国家。

万兴（佛冈）玩具有限公司前门（2016 年）　　陈国材　摄

万兴（佛冈）玩具有限公司生产车间（2016 年）　　陈国材　摄

众泰汽车佛山 4S 店（2015 年）　　朱永洲　摄

佛山市南海区万众汽车服务公司、佛山市锐腾汽车销售有限公司　分别创办于 2000 年、2010 年，该公司位于佛山市文华北路，主要经销国产汽车，年经销量达到四五百辆。

服装品牌店　上岳朱月丰的五女一子（朱桂桃、朱结梅、朱艳娟、朱清霞、朱彩云、朱伟明）在 90 年代起先后到从化、广州市区务工，后到广州市越秀区十三行经营服装批发业务。六姐弟以开拓创新的精神，从 2006 年起先后创立自己的经营品牌，分别是"尚・可儿""闲・衣馆""衣汇服饰""黑白格""e・时代""糖果屋"，服装年销售额合计达到 1 亿元。

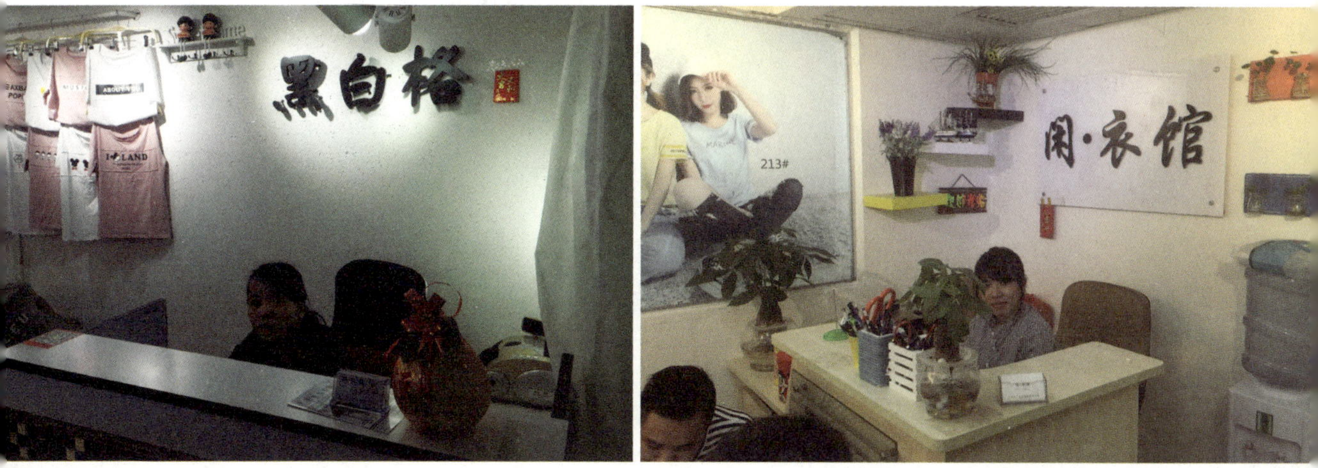

朱桂桃六姐弟经营的部分服装品牌店（2016 年）　　朱佳桃　摄

古巷探幽（2017年）　　　　李协湖　摄

古建奇观

上岳古村位于上岳村的核心部位，是上岳村历史文化的发源地、传承地和发展地。古村雄居一方的十八里布局和规模宏大的镬耳楼群，是当地的古建奇观。其中十八里始建于明初，完善于清中期。镬耳楼是十八里古建筑群中最具特色的建筑物，因其屋宇山墙高于屋顶，顶部形似龟背，呈半圆流线型飞檐滴水，形似镬耳，故称“镬耳楼”。至2016年，上岳村镬耳楼保存基本完好的有28座。上岳村十八里、镬耳楼连同村中的古宗祠、古门楼、古学堂、古墓等系列古建筑群，是当地700多年历史文化的见证；百年商街的形成，是当地经济发展的重要标志。2010年，上岳村被评为中国历史文化名村；2012年，上岳村建筑群被核定为广东省第七批文物保护单位，内含单体文物9处。

◉ 十八里布局

里的布局特色

上岳古村于元末明初形成最早的民居后，随着人口的繁衍增加，地域范围也不断扩大。上岳古村最早建成村心里，并以此为中心不断扩展，到清中期建成上岳十八里和二围（象冈围、水围）、一巷（散巷）、二楼（左书楼、

镬耳建筑群（2008 年）　　宋抗壹　摄

古村晒秋（2015 年）　　冯顺江　摄

右书楼）的居住布局。其中居住人口最集中的是十八里，十八里分别是：村心里、万兴里、龙井里、上东山里、下东山里、厚元里、广厚里、左桥头里、右桥头里、敦厚里、上归仁里、中归仁里、下归仁里、前村里、右东山里、迎恩里、厚兴里、忠厚里。

十八里是上岳古村最精华的部分，其结构严密、布局完整、设施齐备、功能多样，堪称古民居建筑群的一绝，体现出上岳先祖具有超人的才智、谋略和雄厚的财富。这样恢宏的布局结合镬耳楼的建筑物，在省内甚至国内也难见到。

结构严密　古村十八里是既独立又互相联系的单位，五家一邻，五邻一里，故一里有二三十户人家。每个里呈方形，门楼位于里的前墙中间，两旁为单间民居（当地称“围水屋”），前墙两个边角的围水屋高出一层，称为“垛”。里的两旁和后面均由围水屋团团围住，形成只有一个门楼出入的封闭居住区，里内的中心地带建成正座民居或镬耳楼民居。正座民居为两廊、一天井、一厅、四房的结构，因 4 个房的房门在厅墙的两侧，故称“四门归厅”，有的正座民居为镬耳楼民居，五龙过脊、五龙过阶作为镬耳楼

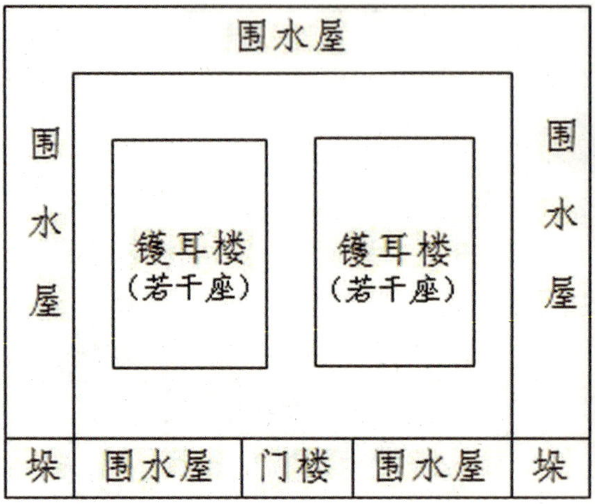

“里”的结构示意图

归仁里主巷（2016 年）　谢春江　摄

民居的特殊建筑，其构造与普通镬耳楼民居有所不同，房廊数量和占地面积均比普通镬耳楼大。

布局合理　古村十八里以村心里为中心，向东北面和西南面扩展延伸而成。按十八里的建设时间划分，明前期建成的有 1 个（村心里），明中期建成的有 2 个（左桥头里、右桥头里），清前期建成的有 7 个（厚元里、前村里、广厚里、上东山里、下东山里、迎恩里、右东山里），清中期建成的有 8 个（敦厚里、上归仁里、中归仁里、下归仁里、万兴里、龙井里、厚兴里、忠厚里）。虽然各里建造的时期不同，但都按照统一的结构布局建造。十八里基本形成后，每个里之间留有村道互通，在东、南、西、北面各建有一个岳楼，岳楼之间建有围墙相接，形成巨大的封闭式民居建筑群。

设施齐备　在古村十八里中，每个里都建有门楼，门楼前有水塘。门楼内均设有一个门官墩，供族人上香祭拜。水井一般设在门楼内附近的公共地方，方便村民取水食用。里内巷道多为二横三纵或四纵，均为统一规格，大多铺石，巷道边有排水渠。里内的民居排列整齐，几乎全部为石门框、石门阶和石窗框。

功能多样　古村十八里形成后，具有方便沟通、互相救助、防火御敌等多种功能。古村四方岳楼的墙壁厚实，并建有瞭望孔和枪眼，具有强大的防御能力。此外，门楼前面的水塘除供养鱼食用外，还供蓄水防火，起到调节气温的作用，并寄托族人“聚水为财”的期望。

至 2016 年，上岳古村十八里因年代久远和风雨侵蚀，一些里受到不同程度的损毁，有的已经倒塌，保存完好的有村心里、上归仁里、中归仁里、下归仁里、敦厚里和前村

古村故里（2016 年） 宋抗壹 摄

里 6 个里，留存的古民居共有 37 栋 108 座，建筑物基底总面积 1.3 万多平方米，每座古民居面积约 120 平方米。在留存的古民居中，有镬耳楼 13 栋、28 座，共 56 个镬耳。

归仁里 上岳古村十八里均按宗族既定的规划建造，又各有特色，形成规模宏大的古建筑群。至 2016 年，保存完好又具有代表性的是位于上岳古村横围片的归仁里。归仁里分为上归仁里、中归仁里、下归仁里，为上岳三房朱朴山 5 个儿子建于清雍正至乾隆年间（1723—1795），位于上岳古村横围片。3 个里并排建成，均坐西北向东南，其中下归仁里西南面为朴山朱公祠。

横围片位于上岳古村的西南面，由上岳朱翰生（朱朴山祖父）起建。朱翰生始建横围时，曾请地理先生（堪舆师）察看地形。地理先生察看后认为在此地居住，房屋建筑物应坐西北向东南为宜，与上岳村其他里大多坐东北向西南方向不同，故称“横围”。横围建成后的面积范围上至大伦馆，下至散巷。清康熙年间（1662—1722），先建造散巷屋舍，后由朱朴山的长子朱开繁建中归仁里，次子朱美繁建上归仁里。后因人口增多，由朱美繁、朱琮繁、朱勷繁、朱宇繁四兄弟合建下归仁里。

上归仁里匾额（2016 年）　　李阳光　摄

中归仁里匾额（2016 年）　　李阳光　摄

下归仁里匾额（2016 年）　　李阳光　摄

中归仁里门楼内的门官墩（2016 年）　　李阳光　摄

下归仁里（2016 年）　　李阳光　摄

上、中、下归仁里前面均建有水塘，有各自的门楼，门楼匾额上均有“归仁里”3 个大字。每个里的门楼大门有 11 条趟栊，配有一副厚实的木门。里的四周为围水屋，中心为正座民居，其中下归仁里建有一列三座的五龙过阶民居。上、中、下归仁里只是从归仁里所处的方位顺序称呼，在门楼匾额上的 3 个“归”字作出笔画处理。其中上归仁里的繁体字“归”字为全笔画，中归仁里的“归”字比上归仁里减少一画，下归仁里的“归”字比中归仁里又减少一画，既作为上、中、下归仁里的区分，又体现书法魅力，独具匠心。

上、中、下归仁里总面阔 177 米，进深 57 米，总面积 10089 平方米。上岳古村保存较好的古民居集中在这 3 个里。

上、中、下归仁里的建筑结构有所不同，其中上归仁里为“回”字形结构，中归仁里和下归仁里为“日”字形结构。上归仁里总面积 2223 平方米，里内有前后横巷各一条，两边纵巷各一条，里中间建有正座房屋一列共四座，形似“回”字，故称“回字形结构”。中归仁里总面积 3990 平方米，里内有前后横巷各一条，两边及中间纵巷各一条，里内有正座两列，每列三座，共有正座房屋六座，形似“日”字，故称“日字形结构”。下归仁里总面积 3876 平方米，里内结构与中归仁里同。

另在下归仁里西南边的一列三座房屋中，第一座和第二座为正座，第三座为四美楼。

上、中、下归仁里内部均呈中轴线对称。里内房屋主要是砖木结构，屋顶多以硬山式为主，盖灰瓦，趟栊门，清一色青砖砌的清水墙和镬耳楼。屋内天井用花岗岩石板条铺地面，其他用青砖铺地面。屋顶盖统一式的天瓦，且分天花瓦、接水瓦二层，盖瓦工艺别具一格。里内大多数房屋布局为四房、一厅、两厨、一天井。3 个里内均有古井，并供奉井头神。里内房屋排列整齐，大多为两廊、一天井、一厅、四房结构，由于朱氏祖先建村时有一个整体规划，其显著特点为：每个里都有各自的整体，各自的门楼是里中居民出入之处；每个里组成大整体建筑群，外围筑有坚固的围墙，围墙四角筑有两三层高的瞭望楼；每个里前面设有鱼塘。这种设计沿袭古代“城”“堡”“寨”的建筑形式，形成以“里”为小整体，以“围”为大整体的民居群。同时，3 个里之间巷道相通，户户相通，四通八达，村民聚散快捷，其主要作用是防匪防贼，保护族人的人身和财产安全。

归仁里的朱姓族人遵从祖训族规，传承祖业，崇文尚武。其中朱美繁（朱朴山子）、朱滨官（朱朴山孙）、朱大钧（朱朴山曾孙）祖孙三代均为武略骑尉职衔，被称为“三代武职”。朱大钧于清嘉庆十八年（1813）考取武举人后，由朝廷赠予“武魁”牌匾一块，悬挂于下归仁里门额上（牌匾在“文化大革命”期间被毁）。

四美楼 四美楼由朱朴山的 4 个儿子（朱美繁、朱琮繁、朱觐繁、朱宇繁）建于清乾隆四十七年（1782），因该楼为朱美繁倡议四兄弟共建，故名“四美楼”。

四美楼大厅的木楼梯（2016 年） 李阳光 摄

该楼位于下归仁里内，面阔 14.5 米，进深 12.2 米，基底面积 176.9 平方米。其建筑结构与里内其他房屋基本相同，不同之处是该楼既作民居，又用于家族（四兄弟）议事及存放财物，故当地称为“银库”。四美楼原建成三层，楼高 12 米（比里内其他房屋高 7 米），从墙脚到墙顶都用麻石砌成，墙厚 70 厘米，连门窗也特别设计，整座楼厚实坚固，内有专设的银库。四美楼的设计特点主要是防盗防劫，大门是与门廊等高的铁栅，正厅及两边主房沿墙根铺砌石板，防止盗贼挖墙脚而入。沿正厅的木梯可到二楼和三楼，墙上正面和侧面各有两个方孔能观察四周，既可作防御盗贼的射击孔，又可作通风透气的通风孔。在抗日战争时期，村民担心四美楼楼层太高会成为日军轰炸的目标而把第三层拆掉，从此四美楼只剩下两层。至 2016 年，四美楼保存基本完好。

四美楼外景（2016 年）　　谢春江　摄

◉ 镬耳楼

建筑特点　镬耳楼是上岳古围村民居最显著、最具特色的建筑，遍布于古村十八里。镬耳楼的主体建筑是镬耳墙。镬耳墙也叫鳌背墙，清一色的青砖砌成的屋宇山墙，墙高于屋顶，顶部形似龟背，上面呈半圆流线型飞檐滴水，构成起伏有致的天际轮廓线，形似镬耳，故称“镬耳楼”。从高处俯瞰古村落，弯拱的镬耳楼连绵不迭，错落有致，气派雄伟，甚为壮观。镬耳楼墙檐多描有灰底白画的卷草图案，部分还有立体的灰塑图案。

镬耳楼是明清时期显赫权贵家族居所的建筑象征，这种设计有其艺术特点与寓意含义。艺术上显得庄严、肃穆、美观，寓意上因其与古代官帽酷似，象征官运亨通，表达

镬耳奇观（2008 年）　　　　宋抗壹　摄

一种美好愿望。镬耳墙还有一种特殊的作用，就是防火。因其山墙高出瓦面，一旦邻近发生火灾，可起阻隔作用。

明清时期镬耳楼建筑形式流行于经济发达地区，为大户人家采用。它起源于明末，兴盛于清代，到清后期基本停建。镬耳楼民居的建筑结构与正座民居相同，均为两廊、

位于中归仁里的五龙过阶镬耳楼（2016 年）

李阳光　摄

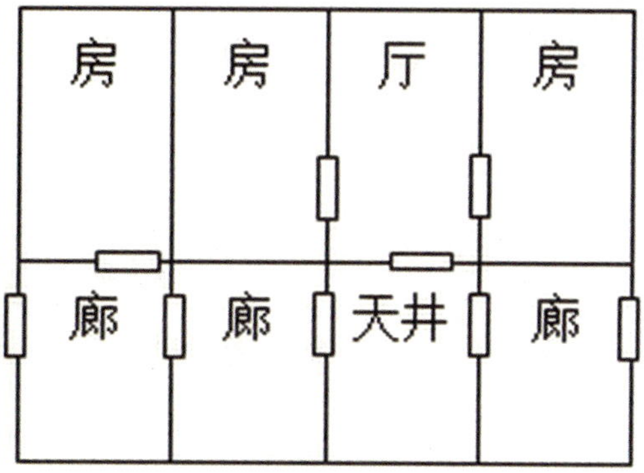

五龙过脊中每座镬耳楼布局平面示意图

一天井、一厅、四房结构，所不同的是镬耳楼民居屋顶上建有镬耳，而普通正座仅为传统硬山顶屋脊。镬耳楼盖灰瓦，设趟栊门，清一色青砖砌筑的清水墙和镬耳楼，屋内天井用花岗岩板条铺砌，其他地面用青砖铺砌。屋顶盖统一的天瓦，天瓦分天花瓦、接水瓦两层，盖瓦工艺别具一格。上岳古村的镬耳楼数量之多是广东省内罕有的，从这一建筑特点足以说明，拥有贵族型宗族村庄的朱姓在当地具有显赫的地位。

五龙过脊 五龙过脊是镬耳楼民居的特殊建筑形式，位于上岳古围村厚元里。五龙过脊坐东北向西南，由前后五座紧密相接的镬耳楼组成，每座屋有两个镬耳，五座屋共有 10 个镬耳。从房屋一边望去，屋顶上的 5 个镬耳犹如五条巨龙首尾相接，所以称为“五龙过脊”。五龙过脊与其他镬耳楼的不同之处，就是每座民居多一房一廊，共有三廊、一天井、一厅、三房，而且房门只通廊，不通厅。其中廊用作厨房和堆放杂物，天井用作倒水和取光，厅为吃饭及议事之所。五龙过脊每座面阔 11.7 米，进深 9.2 米。五龙过脊（五座镬耳楼）面阔 11.7 米，总进深 46.43 米。五座镬耳楼均为砖木结构，青砖墙，龙船脊，硬山顶，盖灰瓦，方砖铺地，屋檐有精美的灰塑草尾图案。厚元里内原建成的五龙过脊原有三列，隔巷并排而建，自清末起仅存一列，另两列已经倒塌，只剩下遗址。至 2016 年，五龙过脊虽有两个镬耳受损，但总体布局基本保存完整，具有鲜明的岭南建筑风格。

五龙过脊民居的石门槛（2016 年）　　李阳光　摄

五龙过脊

五龙过阶民居的内部结构（2016 年）　　朱家佑　摄

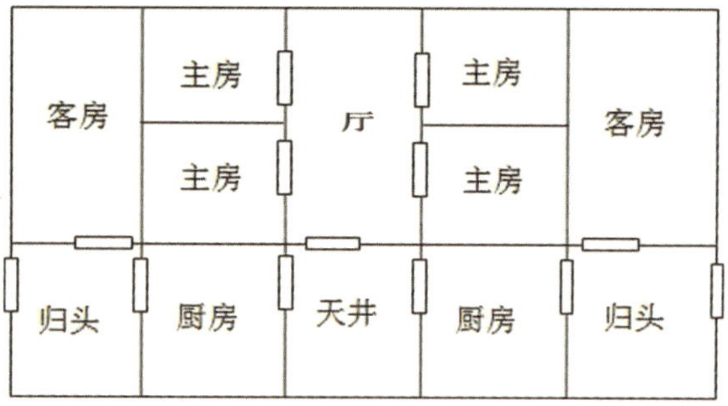

五龙过阶中镬耳楼布局平面示意图

五龙过阶　五龙过阶也是镬耳楼民居的特殊建筑形式。五龙过阶为清代建筑，位于上岳中归仁里内，共有一列三座，是上岳古围村内仅有保存较好的一种特色镬耳楼。其特别之处是每座民居的前面一列共有 5 个开间：归头、厨房、天井、厨房、归头。因 5 个开间紧密相连，且门阶成一条直线相通，故称“五龙过阶”。其中归头（指廊，在五龙过阶中称为归头）用于佣人及来访客人小憩和做饭，客房只通归头，是安排客人住宿的地方；厨房、主房均由房屋主人专用，其中 4 个主房也是“四房归厅”。每座五龙过阶建筑面积 216 平方米，高 5 ～ 7 米。屋顶盖小青瓦，龙船脊，清水墙，建筑构造为穿斗式，为典型广府民居风格。五龙过阶的主要作用是防御盗匪，因客房在外、主房在内且只能从正厅进入，而盗匪进入正厅需经过三道门，所以防御较为严密。

镬耳之典（2008 年）　　　　宋抗壹　摄

◉ 古宗祠

宗祠是族人纪念祖先、聚会和议事的地方。据《两岳朱家族谱》记载，两岳共建的祖祠有两岳大宗祠（朱子英祠），上岳、下岳分别建有始祖祠，并按族裔房系建设分支宗祠。至民国初，两岳建成并保存基本完好的宗祠共 13 座，其中两岳大宗祠一座，另上岳建宗祠七座，下岳建宗祠五座。后来，两岳大宗祠及一些宗祠被毁。宗祠蕴含的人文信息

朴山朱公祠两廊（2016 年）　　　　朱家佑　摄

较为丰富，主要见于匾额、楹联、壁画、雕刻等，使之成为历史文化载体。上岳宗祠经重建或维修，至 2016 年，古村保存完好或基本完好的有七座，分别是乡贤朝瑞朱公祠、德淮朱公祠、后峰朱公祠、扶角朱公祠、彤绣朱公祠、槐亭朱公祠、朴山朱公祠。

乡贤朝瑞朱公祠 又称上岳祖祠，位于村心里旁，为纪念上岳始祖朱璧而建。朱璧为两岳始祖朱文焕的第七代孙，被尊为上岳始祖。宗祠建于清同治三年（1864），坐东北向西南，广三路布局，中路为二进三间二廊结构，两边有衬祠，存两侧青云巷。宗祠总面阔 28.42 米，中路面阔 12.65 米，总进深 39.4 米，高 5.8 米，建筑占地面积 1120 平方米。全祠为砖木结构，青砖墙，盖灰瓦，龙船脊，硬山顶，石块铺地，屋顶有形制特别的灰塑，屋檐上还保留有精美的灰塑和壁画。宗祠建成时大门额牌匾“乡贤朝瑞朱公祠”为族孙朱润芳所书。

乡贤朝瑞朱公祠为上岳村首先祭拜的祠堂。祠堂祭祀分为春祭、秋祭和年祭，分别在二月春分日、八月秋分日和十二月下旬举行。祭祀时行三献礼，祠堂祭祖从先祖祠堂起，再到各支族祠堂祭拜。清光绪年间（1875—1908），清末榜眼朱汝珍曾从清远县城到此祭拜宗祠。1938 年 10 月，日军飞机轰炸上岳村时，宗祠左侧一角被日机炸毁。

70 年代上岳族人重修宗祠，将宗祠改建成礼堂，上部为金字架梁盖瓦，改变原宗祠形制。正门门额上的“乡贤朝瑞朱公祠”仍保留，门两边镌刻门联，上联为“上含万丈春光沛国两朝天子”，下联为“岳集千层旭日紫阳一代圣人”。对联由族孙朱吉兴所撰。联首嵌入“上岳”村名，提示朱氏曾经出过朱全忠、朱元璋两朝皇帝，及南宋著名理学家、教育家、思想家朱熹。“乡贤祠”是朱璧、朱琳祖孙二人为朝廷清官，由朝廷下旨特许兴建。乡贤朝瑞朱公祠于 2012 年被录入佛冈县不可移动文物名录。2014 年，佛冈县史志办公室根据省地方志办公室关于开发利用地方志资源的部署，在祠内建办“上岳古韵新貌展厅”。

后峰朱公祠 位于前村里，为纪念朱后峰而建。朱后峰（1485—1555），名侃，字廷直，号后峰。曾任乡饮正宾，《清远县志》有载。宗祠坐落在上岳前村里内，建于 1919 年，坤申向（坐东北向西南）。因宗祠年久损毁，于 2007 年重修，重修时基本按原来形制不作改动。宗祠大门比前墙后移，为凹面形，总面阔 12.61 米（其中大门面阔 5.05 米），总进深 10.35 米，总面积 130.51 平方米，门额有“后峰朱公祠”5 个大字。

扶角朱公祠 位于村心里内，为纪念朱扶角而建。朱扶角（1646—1737），字胤祥，名祚昂，号扶角。曾为邑庠生，诰赠修职郎。宗祠约建于清乾隆三十年（1765），坐东北

乡贤朝瑞朱公祠（2016 年）　李阳光　摄

后峰朱公祠（2008 年）　宋抗壹　摄

扶角朱公祠（2008 年）　宋抗壹　摄

镂空木雕和窗花（2008 年）　宋抗壹　摄

向西南，为两进式建筑，第一进为门楼，门楼两侧各设小房一间，后进为香火堂。前进与后进隔天池，天池两侧各设回廊，把前后两进紧密连接起来，整座祠都是青砖木结构。

由于宗祠建成后年代久远，桁桷朽腐，墙体也开始残破。1997 年，在朱钊洪、朱桂玲、朱顺恒、朱锡潜、朱灼熙、朱宝华等族裔的倡导下发起捐款重修。当时捐资多的有数千元，一般的有数百元，全房人人认捐，共捐集 7 万多元。重修时聘请一个江西地师现场指导，重修竣工后举行重修庆典。

彤绣朱公祠　位于广厚里，在槐亭朱公祠左边，为纪念朱彤绣而建。朱彤绣（1672—1734），为朱槐亭兄，曾考取庠生。宗祠建于清乾隆年间（1736—1795），宗祠坐东北向西南，三间、两进、一天井布局，总面阔 12.3 米，进深 13.4 米，高 4.7 米，为砖木结构，

彤绣朱公祠（2008 年）　　宋抗壹　摄

槐亭朱公祠（2008 年）　　宋抗壹　摄

青砖墙，硬山顶，盖灰瓦。祠堂采用方砖铺地，内有木制屏门和青砖砌的门官墩。祠堂第一进为镬耳楼顶，大门为凹面形，建有趟栊门，门额有“彤锈朱公祠”5 个大字，门额上方有多幅字画，其中一幅有“从今出入皆名士，自古从来无白丁”的字句。

槐亭朱公祠　位于广厚里，为纪念朱槐亭而建。朱槐亭（1676—？），讳彩绣，字槐亭，为朱彤绣弟。宗祠建于清乾隆年间（1736—1795），槐亭朱公祠坐东北向西南，三间、两进、一天井布局，总面阔 12.3 米，进深 13.4 米，高 4.7 米，为砖木结构，青砖墙，硬山顶，盖灰瓦。祠堂采用方砖铺地，内有木制屏门和青砖砌的门官墩。祠堂第一进为镬耳楼顶，设有凹肚形二步门面和趟栊门，大门门额有“槐亭朱公祠”5 个大字。门额上方有多幅字画，其中一幅字画有“人杰地灵山水秀，神仙喜聚此蓬莱”的字句。

朴山朱公祠　上岳古围村仅存的 7 座祠堂中保存最好的祠堂，与上、中、下归仁里

朴山朱公祠（2013 年）　　宋抗壹　摄

朴山朱公祠内壁画（2008 年） 宋抗壹 摄

朴山朱公祠斗拱（2008 年） 宋抗壹 摄

连为一体，位于归仁里西南面。朱朴山（1687—1760），名光前，字行伍，号朴山，曾任明经进士，奉例即补儒学。宗祠建于清乾隆四十六年（1781），是朱朴山的 5 个儿子（其中朱美繁曾任清朝武骑尉）为祀奉先人朱朴山而建，曾于光绪九年（1883）重修。

宗祠坐西北向东南，为二进三间两廊一天井布局，建筑占地面积 444 平方米。祠堂大门内有固定式的木屏风一座。祠内有莲花仙子、双凤朝阳、孔雀开屏、鸳鸯戏水壁画，还有立体式灰塑。正厅两边大堂柱刻有朱氏字派，为《两岳朱家族谱》编辑主任朱云章撰，自先祖朱文焕后 21 世起，编列至 58 世，分两边堂柱楹联雕刻。上联为“明儒业以训世传家诚正修齐徽国清芬贻泽远”，下联为“仰祖谟之承先启后名贤忠义岳山光大肇基弘”。宗祠两边小堂柱也刻有楹联。祠堂壁画和灰塑仍保存完好，木雕精美，保留有部分砖雕。祠堂正门两石柱、门屋檐的横梁装饰木雕“福”与“寿”，祈佑幸福康寿。祠堂内两厢房分别是“五桂房”和“玉书房”。左厢廊墙上的灰塑壁画，有蝙蝠、绿树、猴子、雀鸟，寓意为福、禄、侯、爵，表达人们的心愿和期盼。右厢廊屋檐下的木雕刻有唐朝李白诗句：“名花倾国两相欢，常得君王带笑看。”朴山朱公祠正门上两侧镬耳墙，成半圆流线型飞檐滴水，构成双凤朝阳，顶梁硬山脊上的一对鳌鱼陶塑，更显出独特的艺术风格。2012 年，朴山朱公祠列入佛冈县上岳古围村单体不可移动文物，2014 年由朴山后裔族人组织重修。

◉ 古门楼

在上岳古村十八里中，每个里都建有门楼，门楼随里而建，均为凹面形，大多数为一里一门楼，例外的是厚元里有内门楼和外门楼，前村里有上门楼和下门楼。时日久

村心里门楼（2016 年）　　谢春江　摄

左桥头里门楼（2016 年）　　谢春江　摄

右桥头里门楼（2016 年）　　谢春江　摄

厚元里内门楼（2016 年）　　谢春江　摄

厚元里内门楼龙凤呈祥壁画（2016 年）李阳光　摄

前村里上门楼（2016 年）　　谢春江　摄

远，有些门楼倒塌，至 2016 年仅存门楼 10 座。

村心里门楼　村心里始建于明前期，为上岳最始建之里，上岳长房朱琇之子孙居住。门楼坐东北向西南，为凹面形，面阔 5.6 米，门额有“村心里”3 个大字。

左桥头里门楼　桥头里建于明中期，为朱德淮子孙居住。桥头里分为左桥头里和右桥头里。左桥头里门楼坐东北向西南，为凹面形，面阔 4.7 米，进深 5.8 米，面积 27.26 平方米。门额有“桥头里”3 个大字。

右桥头里门楼　右桥头里始建于明中期，为朱德淮子孙居住。门楼坐东南向西北，为凹面形，面阔 4.63 米，进深 5.04 米，面积 23.34 平方米。门额有“桥头里”3 个大字。

厚元里内门楼　厚元里建于清顺治年间（1644—1661），并建有门楼。上岳朱应选因在明末抗清身亡，其妻舒儒人虑其无后，从旁房过继朱沛生为孙，居厚元里。约清康熙二十九年至三十九年（1690—1700），朱沛生建厚元里内门楼，厚元里为十八里中唯一有外门楼、内门楼两个门楼的里，内、外门楼形制基本相同。其中内门楼坐东北向西南，面阔 5.7 米，进深 6.7 米，高 6 米，形制独特的凹面形门面凹进 0.8 米。该门楼属于砖木结构，青砖墙，泥土地面，硬山顶，盖灰瓦。门楼檐下壁画保存完好，中间为龙凤呈祥，两边为松鹤延年。门楼曾于道光年间（1821—1850）重修，壁画上写有“清朝道光年间”的字样。门楼内有门官墩，也是用青砖搭建而成，上有香庐，门楼内有两个石碓。门楼外右侧矗立“泰山石敢当”的石碑。该门楼保存完整，具有鲜明的岭南门楼艺术风格。2012 年，厚元里内门楼被列入佛冈县不可移动文物名录。

前村里门楼　前村里，在横围之下，始建于清初，朱后峰子孙居住。前村里有上、下两座门楼。上门楼坐东北向西南，为凹面形，面阔 5 米，进深 4.58 米，面积 22.9 平方米，门额有“前村里”3 个大字。下门楼面阔 4.73 米，进深 5.06 米，面积 23.93 平方米。门楼坐向、形制、门额大字等与上门楼同。

上东山里门楼　上东山里，在下东山里之上，上岳朱明世建于清康熙年间（1662—1722）后期。上东山里门楼坐东北向西南，为凹面形，面阔 4.7 米，进深 5.53 米，面积 25.99 平方米。

前村里下门楼（2016 年）　谢春江　摄

上东山里门楼（2016 年）　李阳光　摄

下东山里门楼（2016 年） 李阳光 摄

敦厚里门楼（2016 年） 李阳光 摄

忠厚里门楼（2016 年） 李阳光 摄

广厚里门楼（2016 年） 李阳光 摄

下东山里门楼 下东山里，在乡贤朝瑞朱公祠之侧，上岳朱璞宁建于清乾隆初年（1736—1795）。门楼坐东北向西南，为凹面形，面阔 4.7 米，进深 5.7 米，面积 26.79 平方米。

敦厚里门楼 敦厚里，上岳朱雄光（朱守鲁后裔）建于清乾隆年间（1736—1795），为其子孙聚居之处。敦厚里门楼坐东南向西北，面阔 4.78 米，进深 5.75 米。面积 27.49 平方米。门额有“敦厚里”3 个大字。门楼内的门官墩上设有樟木板，木板刻有土地门官神位，两边有对联，上联为“春风先及第”，下联为“旭日正当门”。

忠厚里门楼 忠厚里，位于西岳楼下，原是上岳朱守鲁建造的左书楼之处，其后裔于清后期扩建为里。忠厚里门楼坐东南向西北，为凹面形，面阔 4.78 米，进深 5.1 米，面积 24.38 平方米。门楼的门额上方原有“忠厚里”3 个大字，在“文化大革命”期间遭白灰涂抹，至 2016 年只能隐约可辨字形。

广厚里门楼　广厚里，建于清初，上岳朱彦生子孙居住。该门楼坐东南向西北，面阔 4.7 米，进深 5.9 米，高 5.5 米。门楼为青砖墙，泥土地面，硬山顶，盖灰瓦。门楼内设有典型的门官墩，也是用青砖搭建而成。门官墩上有香庐，门楼的大门为木制趟栊门，非常牢固，做工精致，具有很强的防御功能。该门楼保存完整，具有鲜明的岭南门楼艺术风格。2012 年，广厚里门楼被列入佛冈县不可移动文物名录。

◉ 其他古建筑

上岳村其他古建筑形成于明清时期，保存完好的主要有古学堂、古墓、古井，还有已毁的古庙、古石桥、百年商街等，在此也根据调查情况予以记述。

古学堂　上岳村承袭中国耕读文化的传统，在建造民居的同时建造社学、书院和学堂，用以教书育人。其中在明清时期就建起上岳社学、岳麓书院等，还有上岳、下岳共建的育贤书社。清末民初在古围村内建起的古学堂——泗吉堂，是当时规模较大并保存完好的学堂。泗吉堂位于上岳村横围片内，坐西北向东南，面阔 12.8 米，进深 28.3 米，高 5.5 米。泗吉堂为砖木结构，青砖墙，盖灰瓦，龙船脊，硬山顶，方砖铺地。泗吉堂分为两部分，前部分是学堂，中间有天井，后部分是民居。前后两部分建筑结构基本相同，不同之处是学堂为形成求学读书的氛围而进行摆设布置。学堂的左侧门上有灰塑的蝙蝠和鹿，寓意为福、禄；右侧门上有灰塑的孔雀、松树，寓意为爵、寿；墙上有壁画

泗吉堂（2016 年）　　李阳光　摄

泗吉堂内墙壁画（2016 年）　　李阳光　摄

泗吉堂前雕刻（2016 年）　　李阳光　摄

和诗文，鼓励学子求学上进。学堂檐下有一长形雕刻，内有孔雀和花草图案，用于营造文化氛围。2012 年，泗吉堂被列入佛冈县不可移动文物名录，并于 2013 年由县政府组织维修翻新。

古墓

上岳村历代先人逝后均建墓安葬，以供后人祭拜。因年代久远，加上村庄建设变动较大，有的古墓因此被毁后故址难寻。至 2016 年，上岳村保存完好的古墓，有两岳始祖朱文焕墓、九世祖琇（南耕）公墓、瓒公墓、琳公墓。十世祖及以后的古墓由各房裔族人各自修建，多建在清远市清城区飞来峡镇（原清新升平镇横石一带），只有少数建在上岳村附近的山坡上。

朱文焕古墓　朱文焕古墓位于清远市清城区飞来峡镇（原清新县升平镇社岗鱼咀村，原称旧横石簕竹坦）。朱文焕为两岳始祖，南宋祥兴二年（1279），朱文焕以威远大将军职衔护驾南来，抗元于广东省英德、韶关两地的北江沿岸。他身先士卒，指挥将士与元军决战，终因寡不敌众，最后以身殉职。当时随军从征的朱文焕儿子朱继贤在战乱中，将父亲遗体背负于清远旧横石草葬。数年后，朱继贤在父亲葬地建墓，把父亲和已故的母亲梁氏（诰赠太夫人）合葬在一起，墓地（穴位）为“黄蛇听蛤”，耳上穴，卯酉向（坐东向西），墓碑为“宋授大理寺主事始祖朱文焕墓”。后朱继贤的两个庶母——王氏（诰赠太夫人）和陈氏去世，朱继贤在父亲墓园的左边立墓安葬，墓碑为“大宋始祖朱府王、陈氏太老孺人合葬墓”。清乾隆三十八年（1773）和同治二年（1863），两墓先后重修。700 多

朱文焕古墓（2012 年）　　徐海榕　摄

年来，每逢清明时节，两岳族人后裔必带备供品，扶老携幼登墓祭拜，以祀先祖之德，香火鼎盛，从未间断。朱文焕后裔遍布全国各地及海外。鉴于朱文焕古墓因年长日久而急需维修，于 2003 年由朱文焕后裔成立重修朱文焕墓理事会主持重修古墓事宜，并向当地政府提出保护古墓的建议。2005 年 10 月 2 日，重修朱文焕墓工程启动，至 2006 年完成首期工程。工程完成后，朱文焕墓焕然一新，并在墓旁建有纪念馆，馆前檐墙上书有“抗元英雄朱文焕纪念馆”10 个金色大字。2010 年，由清新县政府向省文物部门申报朱文焕古墓为广东省文物保护单位（至 2016 年 12 月尚未核定）。

抗元英雄朱文焕纪念馆（2013 年）　　何东树　摄

六世祖子英公坟　朱子英，字功成，号杰臣，元末明初人，为两岳开基祖，敕封承德郎清吏武库司主事。朱子英卒后葬于上岳村坟前埔。其坟的正面两边建有土墩，各植有一棵梅树。墩下有水池，池中水用以灌溉梅树。按当时风水术士所言，以上格局为梅占花魁，主奕世富贵。1958 年在坟前埔修建禾坪，致使原坟址难以确定。

九世祖琇公墓　朱琇，字文辉，号南耕，为朱德浦长子，邑庠生。朱琇生于明永乐十八年（1420），卒于明弘治十二年（1499），享年 79 岁。其墓在朱文焕墓右上侧，坐卯乙向酉申（坐东向西）。2010 年由朱琇裔孙捐款重修。

九世祖琳公墓　朱琳，字文玉，号象山，朱德浦第三子，明景泰癸酉科（1453）举人，官至福建漳州府龙溪知县，与祖父朱璧同被朝廷封为乡贤，在清远县城建科第名贤坊。朱琳墓建于明正德五年（1510），位于松塘三坑坦（在今清城区飞来峡镇），为蚌形大石坟，艮山坤申向（坐东北向西南）。朱琳墓为朱琳与妻潘氏合葬墓，当时进士及第承德郎户部清吏司主事、郡人何俊撰有墓志铭，其文为：“公文宜显，而止省试之环；公业可大，而止县尹之员；敷宣不尽，盖有命焉；归田得寿，配亦永旃。儒人之吉也，自相于天。今虽已矣，令闻尤传；民思其德，乡祀其贤。”朱琳墓于嘉靖十七年

（1538）和清咸丰元年（1851）重修。“文化大革命”期间，朱琳墓被毁坏。2010 年 2—3 月，由朱琳后人捐资重修。

古井

上岳古村十八里中，每个里均建有 1 ～ 2 口水井，供里内族人饮用。后来因一些里的毁坏和居住人口的迁出，许多水井被废弃后不存。留存的古井不多。

村心里古井　位于上岳村心里，建于明中期，是村内保存较好而且一直使用的古井。古井占地面积 6.5 平方米，井套用大理石建成，高出地面 0.34 米，呈圆形。井深 2.1 米，井栏外边地面用花岗岩条石铺砌。井旁边曾设立的井神位已毁坏。村心里古井被列为佛冈县不可移动文物。

上东山里古井　建成于明中期。古井用花岗岩石板砌成，井口阔 1 米，井深七八米，上窄下阔。井水清澈异常，入口甘甜，是全村日常生活饮用水。古井旁边设有井神位，每逢正月十五日和喜庆节日村民都到井旁神位上香拜祭，表达合家平安的愿望。抗日战争时期，村里曾驻扎着国民政府军，有一天早上村民到井里打水，发现井里有一士兵被沉入水井中。后来村民将井填平并在西边 30 米处重新挖井，其井与原井的水量和水质相同，解决全村人的生活用水。

龙井　位于上岳古村东部龙井里，于清康熙年间（1662—1722）建里时同时建井，

村心里古井（2008 年）　　宋抗壹　摄

上东山里古井（2008 年）　宋抗壹　摄

龙井（2008 年）　　宋抗壹　摄

朴山朱公祠古井（2016 年）钟榕斌　摄

井口用两件花岗岩石制成，井裙高出地面30厘米。该井水清澈，清甜可口，村民常年饮用，据说可以预防疾患，故称为龙井，所在村庄称为龙井围。龙井水源丰富，村民抗旱取井水灌溉时，井水涌补如流，用之不尽。清光绪二十九年（1903）入秋大旱，村民到井提水抗旱，井水仍不干涸。1977年春旱时，村民用抽水机抽取井水抗旱，井水补涌也很快。

朴山朱公祠古井 建于清初，位于横围片西面、朴山朱公祠前的地坪东侧。古井井沿上圆下方，高出地面，四周用石板砌面。井边有一座神龛，用火砖砌成，上面放置一块石板。此古井与其他古井不同之处，是神龛内有一孔道与井壁相通，据说是便于河神与井神相通，在神龛烧香时，井口也有烟冒出。朴山朱公祠古井保存完好，供人们祭祀，井水已不饮用。

古庙 上岳洪圣古庙建于明中期，坐落在上岳村南面石板桥头南端的龟头岭山嘴下。它依山傍水，后面是龟头岭，前面是岳溪，坐东南向西北，西面有一座石板桥，名叫“庙桥”。洪圣古庙由石板砌成，面阔4米。洪圣神像是一块黄蜡石，神座和神台由

洪圣古庙复原图（2012年） 张廷基 画

石块砌成，大香炉是由整块石雕凿成。据传说，上岳古村东面的咸水村原建有一座庙，庙中的香炉在一个夜晚飞来至此，于是村人在此建庙祭祀。庙的左边有一个鼓，右边有一个铁铸的钟。钟悬挂在一个固定的木架上，钟体刻铸有“国泰民安”“风调雨顺”字样，敲钟时钟声响亮，5 千米内都能听到。村中每年用 450 千克稻谷请一老人管理庙宇，人称“庙祝公”，每天负责击鼓敲钟，点灯烧香，打扫古庙。据老人说，古庙地处岳溪边，每逢农历五月间溪水暴涨，漫进庙内，但庙内洪圣大王神位（蜡石）从未被洪水淹没过，世人皆谓神奇。“文化大革命”期间，古庙被拆毁。

古石桥　上岳村庙桥在洪圣古庙旁，故名。庙桥原为木桥，建于清中期，位于清远旧横石对吉河乡石角圩（今佛冈县城的古驿道上），横跨岳溪，东南接七页车村，西北接秧坎咀村。清道光十年（1830）将庙桥改建成石桥，整座桥为石墩、石板组成，是村中最大型的石桥。庙桥有桥墩 5 座，每座桥墩用麻石砌成 7 层，每层用 2 块大麻石砌成菱形，每块麻石重约 2 吨。桥面长 32 米，宽 1.2 米，厚 0.4 米，共用 12 块长石板分为 4 截拼砌而成，每块石板长 8 米，宽 0.4 米，厚 0.4 米，重约 4 吨。按以上桥墩、桥面用

上岳古石桥——庙桥复原图（2016 年）　　张廷基　画

2013 年建造的庙桥　　李阳光　摄

石材的数量计算，整座石桥用石材 68 块，总重量 160 吨。庙桥造工精致，除规格一致外，桥面和桥墩的石块衔接处还有巧妙的接头。它的建成具有重要的意义，不仅是上岳村的标志性建筑，而且是上岳村通往外界的主要通道。庙桥横亘在岳溪上，从桥的东南端可通吉河乡（今佛冈）的石角圩，从桥的西北端可通清远旧横石接清远县城。70 年代初，上岳庙桥所在的古驿道改建为县道 3221 线（佛冈石角—清远社岗），将石桥改建为公路桥，原石板弃置不用，后运到上岳村土名深水埗、石峡口和敦厚里坡头用。公路桥建成后为钢筋混凝土二墩三曲拱桥，长 43.5 米，桥面宽 6 米。2013 年，结合省道 252 线改建，再将原三曲拱桥改建成单墩“T”形梁桥，仍称为“庙桥”。

百年商街　上岳村自宋末元初开始，经过朱氏祖辈几百年的苦心经营，不断发展壮大，到清中期基本形成一个中心、两个居住所，街道串联里式院落的格局，并在村中心地带衍生出许多职能的中心，其中有商铺、当铺、学堂（泗吉堂）、祖祠等。由于上岳村族大人多，强盛富庶，商业从清代起便开始逐步发展，到清末民国初期逐渐形成商街，到民国中期更为完善，故称“百年商街”。

商街用青石铺砌街面，有商铺百余间，经营货物各类繁多，分门别类。如杂货铺、饼铺、肉铺、米铺、药铺、烟铺、酒铺、木匠铺、豆腐铺，还设有典当、赌档、钱庄、客栈等店铺，主要经营杂货、米饼、酒、烟、药材、豆腐、粉面、小百货、木柴、木炭、谷米、木制家具乃至棺木等。

由于商业街经营货物较齐全，上岳村天天有集市，周边地区的村民均来此赶集。集市一般是上午 7 点开始，至晚上 10 点收市，有些商铺 24 小时昼夜营业。当地人形象地将这里称作“小广州”，当时商街之繁荣可见一斑。

新中国成立后，商业转由国营、集体经营，上岳村商街逐步取消，店铺也先后废弃倒塌。在百年商街的东北端，有一间建于民国中期的怡泰商铺，面阔 5.35 米，进深 7.7 米，为青砖墙体，盖瓦面。商铺正面上方用青砖砌成墙匾，中有凹面铺名方框上塑“怡泰”两个大字。商铺原来经营日杂货品，至 2016 年仍完好无损，由个体户继续经营，成为百年商街的见证。

百年商街遗留的商铺（2013 年）　　何东树　摄

怡泰老商铺（2016 年）　　谢春江　摄

文化源流

上岳村的历史文化源于朱熹文化，植根于广府文化。其建筑风格、谱牒铭文、著述作品等，均反映出这一鲜明特点。在历史文化传承中，耕读传家、崇文尚武是该村的文化特色。同时，该村注重传承优良族风，遵从先祖遗训。1925 年印刷的《两岳朱家族谱》，记述宋末元初至 1925 年长达 700 多年的族史。2014 年 12 月印刷的《两岳朱家族谱（续一卷）》紧接前谱，记述 1926—2014 年前后 89 年两岳的族史。前后两部族谱均体现出上岳村以族风遗训劝喻教化族人的特点，同时保存丰富的历史文化资料。为全面记述和反映上岳村的族风遗训和历史文化源流，本类目简要记述《两岳朱家族谱》及其续一卷编纂情况，同时选录载于族谱的 6 篇先贤训导。

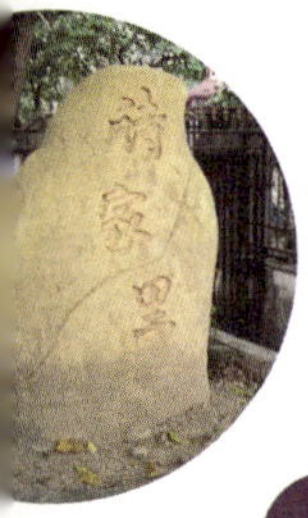

◉ 文化传承

植根广府 上岳村朱氏族人为南宋理学家、教育家朱熹的后裔，两岳始祖朱文焕是朱熹的第六世孙。理学起源于五代，初兴于北宋，以周敦颐为开山祖，后有两程（程颢、程颐）相继，经南宋时期朱熹传承和阐发，称为“程朱理学”，成为宋代学术之正宗流派。随着历史的演进，上岳村的朱氏族人谨承祖训，并根据形势发展和社会进步鉴别取舍，弘扬其精华，实现从中原文化向广府文化的转变。

朱熹先祖拜坛（2016 年） 朱日林 摄

距离诗家里 2 千米处的光孝寺（2016 年）　　朱日林　摄

上岳广府文化源远流长，最早源于南宋后期。当时朱文焕祖父朱洵（讳克昭）于南宋嘉定十年至嘉定十七年（1217—1224）官任御史中丞，由于直言弹劾权贵，被宋宁宗贬至岭南任广西柳州知府。翌年，朝廷又下旨召复原职，但朱洵见朝中仍是奸臣当道，便自行辞职归隐柳州，用心抚育朱文焕、朱文灿两个孙子，教孙儿习学读书。其间，他带领孙儿游览羊城，瞻仰光孝寺，见光孝寺左右皆风水福地，遂在附近诗家里购置楼宇，以作侨居之所。

广州市解放中路诗家里，黄蜡石上刻有“诗家里”3 个大字（2016 年）　　朱日林　摄

朱文焕幼承庭训，聪明过人，20 岁时，于南宋嘉熙二年（1238）登宋理宗文龙榜进士及第，官至大理寺评事。他在任期间，奸相贾似道当政，朱文焕与文天祥等抗元将

官上奏表发其奸。皇上不听，相继罢免文天祥等抗元将官。

南宋咸淳九年（1273），朱文焕目睹奸臣当道，毅然辞官回羊城，隐居于祖屋诗家里。直至德祐二年（1275）三月，应诏招募义兵抗元，与两个儿子朱继贤、朱裔贤离开诗家里，率兵抗元。

朱文焕与两个儿子离开诗家里后，其家眷仍留在诗家里。朱文焕抗元殉国后，其两个儿子在清远旧横石安葬父亲并守孝三年，再迁回羊城诗家里祖屋居住。从朱文焕之子朱继贤于元至元十九年（1282）回广州算起，到第六世朱子英约在明洪武三年（1370）迁回佛冈上岳，在广州居住时间有六代，共计 89 年。在广州居住期间，原来的中原客家文化逐渐融入广府文化，包括语言、生活习俗、居住习惯等均发生变化，最后实现从中原文化向广府文化的根本性改变，从而显示出广府文化的特点。到朱子英回迁佛冈上岳时，在建村的布局及建筑结构、生活习俗等方面，均体现广府文化的特征。

诗家里旁边不远处的书坊街，街左侧原为紫阳书院（今已无标志）（2016 年） 朱日林 摄

在上岳古村外自然村落居住的其他姓氏，其历史文化也呈现出植根广府文化的特点。其中，横岭村的黄姓族人，其祖先于明初从北方南迁至南雄珠玑巷，后迁入清远吉河乡（今佛冈县水头镇）莲瑶东坑村，于明嘉靖元年（1522）建成东坑黄氏宗祠（又称“六峰公祠”）。佛冈黄氏族人历代名人辈出，后裔遍布海内外（东坑黄氏宗祠于2008年核定为广东省文物保护单位）。其中，横岭村黄氏从水头迁出辗转数地才迁入该村，其生产、生活、习俗、语言也同样符合广府文化的特征。

谱牒文化 上岳村的谱牒文化精华主要体现在先后编成的两部族谱中。《两岳朱家族谱》由下岳朱云章主持修编，于1925年编成印刷。族谱记述时限从上岳、下岳朱氏始祖朱文焕起，至上岳第二十七世、下岳第二十六世止，时间跨度为宋淳祐年间（1241—1252）至1925年，前后600多年。族谱分上、下两册，共计50多万字。族谱内还附有摄影的地形图、坟茔图多幅，为佛冈境内最早使用摄影图片的族谱。族谱由广州十八甫中约东雅公司石印出版，成为佛冈境内保存最完好的族谱，为研究当时佛冈和滘江地区的经济、风俗、文化提供宝贵的资料。

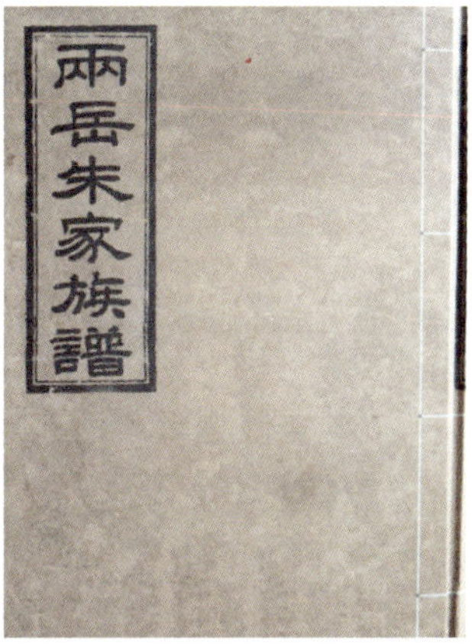

《两岳朱家族谱》

《两岳朱家族谱（续一卷）》于2009年启动编修，编成于2014年，由翁源县印刷厂印刷。记述时限紧接原谱，从1926年起记述至2014年止，前后共89年。全谱共计70多万字，正文内容包括族源祖训、上岳世系世次、下岳世系世次、族情概要四章。

以上两部族谱的编成印刷，使上岳历史及族人繁衍有了延续性的记录，并成为凝聚族人精神、弘扬族群文化的重要载体。

《两岳朱家族谱（续一卷）》

上岳、下岳两村朱氏族人注重传承谱牒文化，在两岳编修总族谱的同时，由各房、系各自组织编修分支族谱。其中上岳长房（朱德淮房）编修《上岳长房族谱》，成书于2000年。上岳三房朱朴山后裔于2016年12月编成《朴山朱氏族谱》，族谱除序言、后记外，正文共设10章，分别为家训、家规编，始祖朱文焕传、两岳之始名、上岳村里及其建置，朴山祖族概况，人物春秋，世系图，世次纪，朴山族谱大事记，朴山裔孙相

《朴山朱氏族谱》

集，文苑，墓图、墓志。《朴山朱氏族谱》全书50多万字，全面、系统、真实地记录朱朴山裔系的繁衍、发展和生产生活的历史情况，为后世留下珍贵的历史资料。

耕读传家 农业耕作是上岳村的传统产业，重学育才是上岳村的传统习俗，将农业耕作与重学育才结合起来，是上岳村历史文化的亮点。在农业耕作方面，村民在兴修水利、精耕细作和垦荒造田3个方面推动农业的发展。元末明初上岳建村时，可供耕作的土地有限，通过兴修陂头水圳，精耕细作，族中财资逐步增加。上岳先祖并不因此而满足，根据人口逐步增多、耕地急需增加的情况，先后购置四周的荒山野地并组织垦荒造田。其中在上岳村北面的白牛迳（今清水迳村域），是只有少数耕地的大片荒山野地，上岳村先后出资购置为祖尝产业，改造后变成耕地500多亩，作为税田、租田，年收稻谷（含自耕和租耕）70多吨。按课税后“主三佃七”比例计算，上岳村仅白牛迳耕地年收稻谷约17吨。此外，还有白牛迳山上林木、饲养的禽畜和野生动物等产出，每年也有一笔可观的收入。通过勤耕治田，达到积累财资的目的，以供村民日常生活及繁衍育人所需。

“读书治田、管家济物”是上岳村关于耕读结合的祖训（《文公增订蓝田公约》），并以《柏庐公劝言四则》中的“自读并教子孙读，即身体而力行之”为族规，鼓励族人及子孙读书明理、读书端行、读书报乡报国。通过耕读结合的文化熏陶，上岳村族人以耕为乐，以耕为荣，承担起“营家济物”的重任，同时在劝勉族人读书成才方面取得重要进展。为给族人读书创造良好的环境，上岳村在建造民居的同时建造社学、书院和学堂，用以教书育人。其中在明清时期就建起上岳社学、岳麓书院等，还有上岳、下岳共建的育贤社学。清代在古围村内建起的泗吉堂，是当时规模较大的古学堂。泗吉堂分为两个部分，前部分是学堂，后部分是民居。其中学堂墙上有灰塑和壁画，以

泗吉堂壁画（2008年） 宋抗壹 摄

衬托读书氛围。随着居住人口的增加，兴办的学堂也越加增多。到民国期间，上岳村建起私塾 6 间，就读人数每间为 20 ～ 30 人，在育人成才方面取得重要成就，使上岳村甲第连绵，名士辈出。上岳村耕读结合的传统，从古代一直延续至当代，在发展经济、育人成才方面取得持续进展。

明清两代，上岳村涌现出不少勤学苦读的族人，学成后有的出仕，有的设帐讲学，有的训导子孙，有的参与编谱修志。朱珂于明万历年间（1573—1620）由贡生中丙午科（1606）副榜，后任福建泉州府学司训，再转任湖广郿县掌教。本村多人在本地及外地设帐讲学和担任塾师、训蒙师。其中朱云路设帐讲学，虽屡试不第，但仍坚持勤学应考，以 70 之寿与青年秀士竞逐试场。下岳朱云章（《两岳朱家族谱》编辑主任）曾为之撰寿文，称他“其精神之矍铄，其笔墨之飞扬，老而弥壮”。民国期间，上岳村仍坚持以祖尝、房系和各堂口助学，涌现出从乡中小学直至中学、大学及到国外留学的人士。其中朱佑汉曾到日本留学，回国后又倡办普美学校。新中国成立后，上岳村培养出的大学生越来越多，遍布社会各界，其中不少人取得中级、高级职称，为国为乡做出更大的贡献。

习武之风　上岳村与耕读文化并举的是习武文化。两岳始祖朱文焕在扶宋抗元中弃文就武，带领勤王义军抗击元军。上岳建村后族人传承祖德，注重培育族人的尚武精神，以练武健身强村。根据社会动荡、盗匪猖獗的状况，在族中设置练武场所，置备练武器材，由族中祖尝出资延师教导族人习武，并与私塾学堂结合起来，使族中青少年既学文化，又学武术，以期成为文武兼备的人才。明后期，上岳村设置走马坪，供练习骑马射箭之用。

练武石硕（2016 年）　　何东树　摄

清代武举考试分三场进行。第一场考马上箭法。驰马三趟，发箭九支，三箭中靶为合格，不合格者不准参加第二场。第二场考步射、技勇。步射九发三中为合格。技勇三项测膂力，头项拉硬弓，二项舞大刀，三项拿石磃子。三项成绩有一项不合格者，不准参加第三场考试。第三场考“内场”，内容为策论武经。为适应考试训练，上岳村各房系置备马匹，在走马坪练习骑射技术。同时为增强体力，还请专业人士制作练武用的铁链、石锁、石磃。其中石锁为锁形，备有提手，每只重约 10 千克（后被丢入水塘中，寻找不到）。石磃现存两只（放在朴山朱公祠前面），一只重 100 千克，另一只重 150 千克。石磃上设有凹洞，便于练习时提举。

在尚武健身的氛围下，上岳子弟勤于学文习武，不少人在武术界脱颖而出，享有盛誉。朱守鲁于明万历年间（1573—1620）任建宁府通判，后升为练兵同知。朱应遴、朱应选兄弟二人均在练武时学习战阵兵法，分别在清远县城、南京城抗击清兵入侵，力战强敌，最后尽忠殉节。清康熙年间（1662—1722）至清末，上岳有军职和军功者 11 人，其中任朝廷授予的武略骑尉封号的 3 人，任千总武职的 2 人，取得军功（五品至九品）的 10 人，考取为武庠生的 6 人。朱天池于清康熙初年到广西郁林州博白县任武职，因有战功被授予千总武职。朱理灿和朱宗鲁，两人膂力过人，能轻易把练武石磃提到腹部，并能开二百石硬弓，两人均被授予军功六品。朱创耀和朱佐权、朱顺德、朱德赞均文武兼备，组织乡勇抗击流寇，力保乡邑平安。其中，朱顺德于咸丰五年（1855）身列行伍驻守清远县城，有流寇纠众 2000 多人围城，声言攻城，当时城内人心惶惶，担心城破被虐。朱顺德急运炮火上城楼攻击敌阵，流寇慌忙奔逃，城池得以解围。朝廷嘉其智勇，赏其六品顶戴。

“武魁”牌匾从朴山朱公祠抬出（2016 年）　　李阳光　摄

在下归仁里重新悬挂的“武魁”牌匾（2016 年）　　李阳光　摄

在上岳习武族人中，有朱朴山的子、孙、曾孙三代均被朝廷封为武略骑尉，时称“三代武职”，在乡中传为佳话。其中朱朴山次子朱镇旻（1735—1798），字美繁，号孚堂，为国学生，禀性刚毅，慈仁敦行，孝敬父母。清乾隆四十六年（1781），与兄弟同建朴山朱公祠，并在上岳横围建成兄弟共居的四美楼。他喜文习武，被清廷敕赠为武略骑尉（官职为正六品）。朱朴山孙、朱镇旻子朱滨官（1761—1830），字才良，任候选分司衔，授儒林郎，以子贵，赠武略骑尉。朱朴山曾孙，朱镇旻孙朱大钧（1788—1830），字士平，号陶轩，自小习文，少年聪慧，但屡试不中，后弃文习武。他魁梧奇伟，和平敦厚，处家以孝，于清嘉庆十八年（1813）参加武举考试，得中癸酉科（1813）武举人，后由清廷授武略骑尉乡武进士封号（官职为正六品），并赠“武魁”牌匾，悬挂在下归仁里门楼上方（牌匾在“文化大革命”期间被毁，在门楼上留有钉挂牌匾的铁钉）。

2016 年，上岳横围片朱氏族人为保存历史文化，请工匠复制一方“武魁”牌匾。牌匾复制完成后，择日举办“武魁”牌匾悬挂仪式，众人将复制的“武魁”牌匾从朴山朱公祠拥抬出来，悬挂在下归仁里门额原址。

◉ 族谱修续

《两岳朱家族谱》 古人云，“三代不修谱，谓之不孝”“家之有谱，犹国之有史”。

上岳族人十分重视族谱的编修，把它作为教育和激励后人的重要职责。民国期间编纂的《两岳朱家族谱》由朱云章主持修编，设参考誊正员 4 人，主任绘图员 1 人，誊谱书石员 1 人，校对员 2 人，协参员 5 人，值理 2 人。族谱从 1918 年开始编写，于 1925 年由广州十八甫中约东雅公司石印成书，分上、下两册，共计 50 多万字，为两岳族人的首部族谱。族谱记述时限从宋末元初朱文焕（两岳朱氏始祖）发迹起至 1925 年，上岳至第二十七世、下岳至第二十六世，前后 700 多年。

《两岳朱家族谱》记述内容包括：序、弁言、目录和家训、乡规、世系图、世次纪、列传、行状、墓志、艺文、金石、建置、尝业、杂录 12 卷，内容十分丰富。清末榜眼朱汝珍为族谱作序。族谱编辑主任朱云章在《倡修两岳族谱弁言》中说明：编家训为第一，约增蓝田，风淳俗美，世守无弃，高曾规矩；编乡规为第二，由宋至今，源长流衍，详绘成图，本支了辨；编世系图为第三，廿七传世，数百历年，昭穆亲疏，灿然明备；编世次纪为第四，乡贤名宦，忠义孝廉，清风亮节，阐幽发潜；编列传为第五，哲人往矣，雅范犹存，搜罗成帙，传法子孙；编行状为第六，荒烟曼州，兀屹丰碑，摩挲遗迹，后世之师；编墓志为第七，诗古文辞，性情抒写，想见其人，出风入雅；编艺文为第八，摩崖勒石，文字争传，风霜剥蚀，是谁之愆；编金石为第九，经营缔造，煞费匠心，存有记录，论古迪今；编建置为第十，春露秋霜，祭祀蒸尝，先人遗业，万古勿忘；编尝业为第十一，逸事遗闻，有关岳里，信则传之，以留永纪；编杂录为第十二，拾遗补述。族谱内还附有摄影的地形图、坟茔图多幅，为佛冈境内最早使用摄影图片的族谱，也是保存最完好的族谱，为后世留下宝贵的历史资料。

在《两岳朱家族谱》的“家训”编，载录《先贤文公家训》为首篇；载录《柏庐公治家格言》31 条，要求家人信守和奉行，乃做人之本分；《柏庐公劝言四则》分为孝悌、勤俭、读书、积德四部分，劝导族人修身立德，传承发扬朱熹“修身、齐家、治国、平天下”的理学精神。

《两岳朱家族谱》的“乡规”编中分两部分，第一部分为《文公增订蓝田乡约》，主要内容为德业相劝、过失相规、礼俗相交、患难相恤；第二部分为《两岳乡规十条》和《劝族俚言》。此外，还有比较严格和规范的祭祀规则。《两岳朱家族谱》凡家训乡规、表志传状、艺文金石、建置尝业，均予收录，期望后世子孙能够保持并且发扬光大。

《两岳朱家族谱（续一卷）》 2009 年，两岳朱氏族人鉴于《上岳朱家族谱》编纂出版已有 80 余年，两岳人口繁衍较快，上岳总人口从 1925 年的不到 3000 人，到 2009 年的 1.5 万多人（含外迁部分），人文环境也发生较大变化。为了延续朱氏历史，传承上岳文化，发扬朱氏优良传统，教育和激励后人，2009 年 1 月，经朱日林、朱根尤等倡议，迅速组成编纂委员会及编辑部，启动续编族谱工作。历经 6 年，于 2014 年完成。

为配合族谱续编，2009 年族谱续编工作启动后，在上岳村委会的支持协调下，召开宗亲大会，含外迁至清远市区、阳山县、连山县、英德市和佛冈县高岗、迳头等地的族人共计 300 余人参加，修谱所需编印经费 50 余万元均为族人捐资。

经有识人士倡议，重修族谱，按原谱体例、记载内容和格式参照原谱，并将原谱世系图延展到各世，集纪、表、传于一体，使系统、谱表、传记成为朱氏族谱完整的三大部分，同时增加影帧部分，完善源流记，对原谱记载混乱和个别错误之处做了更正，使它更加完美。本次修谱历时 6 年，终于编就付梓，足以反映族人热情的高涨，配合的密切，敦宗睦族之向心力。但因原族谱中记载的部分族人及后代迁徙久往而无法考证，难于联系，致使少数族人无法入谱。还有些徙居外地者，长久以来不通音信，查找无果，实属遗憾。

编委会和编辑部均由上岳、下岳熟悉族谱文化、热心为家族服务的族人组成，编委会名誉主任朱清岳、朱佐添，主任朱永洲，常务副主任朱顺恒，副主任 13 人、委员 26 人、编辑 48 人，按照职责分工开展修谱工作，发挥协调、组织和领导作用。由于离上次修谱时间间隔较长，编委会成员考证家族史料，寻根问祖、溯本清源，力求记载的资料真实可靠。族谱续卷记述上限紧接原谱，从 1926 年起，下限至 2014 年，共计 89 年。本谱的记述内容是时限内上岳的世系、繁衍、居住、文化以及环境等各方面变化发展状况，目的是让子孙后代既能寻根问源，又传承祖德，从中受到教育和启发。此外，原谱只记男性，不记女性，续卷则男女均入谱，女性上谱，体现男女平等的现代文明。其中因婚嫁入籍上岳的女性，则列明其夫名字。至于远古源流方面，原谱尚欠翔实，在本谱（续一卷）中加以补充，相关参考资料列入附录以备查考。

通过此次续修族谱，不仅了解到上岳朱氏家族在各地的分布情况，而且拓宽族人之间感情交流的空间，进一步激发族人爱族爱家的热情，实现尊祖敬宗睦族的目的。

◉ 祖训　族规

《先贤文公家训》《两岳朱家族谱》把《朱熹家训》以《先贤文公家训》为题录入

“家训”编。《朱熹家训》又名《晦庵家训》，其主要内容包括遵从礼仪、劝导和睦、修身持家等。其中倡导的“见老者敬之，见幼者爱之”“勿以善小而不为，勿以恶小而为之”“诗书不可不读，礼义不可不知，子孙不可不教”，至今仍有较好的教育。

《柏庐公治家格言》 明代江苏学者朱柏庐的《治家格言》又名《朱子治家格言》（后人又称为《朱子家训》），由《两岳朱家族谱》以《柏庐公治家格言》为题录入“家训”编。《柏庐公治家格言》的主要内容是以家庭、乡邻、社会日常事务为要点，对应该持有的言行举止、处事待人的伦理道德予以劝喻、引导，使人倍觉亲切及可效可行。其中提及的“一粥一饭，当思来之不易；半丝半缕，恒念物力维艰”“居身务其质朴，教子要有义方”“施惠莫念，受恩莫忘”“读书志在圣贤，非徒科第；为官心存君国，岂计身家”，均能给人以深刻的启迪。

《柏庐公劝言四则》 朱柏庐的《劝言四则》由《两岳朱家族谱》录入“家训”编。其主要内容为劝导后人在孝悌、勤俭、读书、积德 4 个方面修身持家、积德成才。其中提及的“孝悌为仁之本”“勤与俭，治生之道也”“读书需先论其人，次论其法”“就日用常行之中所见所闻之事，日积月累，成就一个好人”，均具有实际的教育意义。

《文公增订蓝田乡约》 朱熹的《增订蓝田乡约》由《两岳朱家族谱》录入“乡规”编。其主要内容是围绕德业相劝、过失相规、礼俗相交、患难相恤 4 个方面阐发族人必须遵从的乡规民约。其中每个方面均列举若干种行为准则及违反的处理方法，敦促族人遵守。

《两岳乡规十条》 为下岳人朱品端（清代八品顶戴）撰写，曾为清远县令批示为“理明词达，法美意良”，并命刻于宗祠，集众宣讲。乡规十条为：一尽伦理，二睦宗

乡贤朝瑞朱公祠全貌（2012 年） 徐海榕 摄

族，三勤职业，四正名分，五教童蒙，六完国课，七息争讼，八严守望，九禁赌博，十警为非。其中提及的“矜孤、恤寡、周窘、平争”“士农工商，各有职业”“出入相友，守望相助”“耕读传家，世守祖训”等，均为乡规中的要义。

《劝族俚言》 为下岳人朱云章（民国时期为《两岳朱家族谱》编辑室主任）在民国建立保甲之际，由族中父老劝其撰写，录入《两岳朱家族谱》“乡规”编，其文以两岳建村后涌现的历代乡贤名士数十人事迹为范例规劝和激励族人端正品行、修身立德、效法先贤、报国报乡。接着，在文中列举为匪、赌博、吸食鸦片三种恶行，并将其危害归结为：“此三者，在国家则为贫弱根芽，在个人则为灭绝媒妁。”因此规劝族人除恶习、树良风。此外，其文理正词严，结构严谨，语言精练，当时两岳父老赞语为：“敬述先世芳规，指数近今恶习，洵我族宜法宜戒者也。”

附：祖训族规代代相传①

上岳村历史文化渊源深厚，优良传统代代相传，并且发扬光大。从朱熹的理学文化开始，上岳先人就处于忠、孝、节、义的教育氛围之中。先祖制定的家训族规，其精神要点就是遵法、明理、团结、友善，其施教方式是提倡、劝导、激励。这些家训族规具有十分积极的意义。可惜在新中国成立后的一段期间，特别是在“文化大革命”中，这些祖训族规被视为“封、资、修”的“流毒”而被批判和禁止。当时我们上岳村不少人家保存的族谱被迫烧毁，洪圣古庙被拆，还有下归仁里门楼上悬挂的“武魁”牌匾、朱汝珍谒拜乡贤朝瑞朱公祠的纪念匾等都被毁坏，这是十分令人痛心的。改革开放后，重新恢复尊重历史、发扬传统文化的习俗，这是十分宝贵的。上岳村制定的村规民约，虽然内容和要点不同，但它体现了先祖家训族规中倡导团结、和睦、奋发、进取的精神实质，是祖训族规的传承、改革和发展，让优良的村风民风继续发扬下去，代代相传。

① 采访时间：2016 年 12 月 5 日；采访地点：上岳村；采访对象：朱国华、朱瑞洪。

古村漫步（2016 年）　　李阳光　摄

村民自治

村民自治是乡村历史文化的重要组成部分。上岳村的村民自治从明代村庄基本成形时开始，大致可分为官方管理、民间自治管理两种，一直以来担负主要管理职责的是民间自治主体，形成以村民自治为中心的管理组织。上岳村采取德治为先、法治相辅的理念进行自治管理，形成独具特色的德法并重的乡村管理模式。其中历史上作为村民互助为宗旨的银会、炮会、禾黄会等族众组织，为村民在困难时期互助共济提供组织保障。新中国成立后，上岳村成立的村民理事会，在村务自治中发挥出重要作用。本类目重点记述上岳村自治及管理的传统特色，并择要记述新中国成立后乡村管理组织和管理方式实况。

德法互济重治本，和邻睦族有义门。
忠孝礼义众共勉，更多史迹入册文。

◉ 自治组织

族众组织

民间自治主体，在上岳建村后至新中国成立前，村级自治主体一直由族老和各房房老、绅耆及堂口管事人负责，其中族老为最高级别的自治主体，由村中辈分最高且有实际能力的人担任（俗称“太公”），主管村中事务。各房房老是协助族老管理村中事务的下一层次管理人员，兼管本房事务。绅耆和堂口并不是自治主体，而是以经济实力参与管理，其中绅耆是村中经济

上岳村喜庆活动（2014 年）　　宋抗壹　摄

实力雄厚、热心族中事务的实力层。

族众组织是指族人根据管理的需要而自主设立、自愿参加的临时性互助组织，一般以“会”的形式出现（俗称“做会”），管理主体是由自治组织内部推选出族人担任，互助内容根据各自特点确定，互助范围主要是自治组织内部的事务和组织成员。族众组织是对官方和民间管理主体的补充。上岳村先后成立各类族众组织，具有覆盖面广、功能较多的特点，主要有银会、炮会、禾黄会、老人会、长生会、谷会、禁赌会等。此外，上岳村还有一种族系、房系设立的族众组织，称为“堂口”（又称“堂号”）。如两岳共同设立的朱怡堂，是管理两岳太公祖尝的堂口组织。分设上岳、下岳后，各自设立堂口，如上岳村设普美堂，下岳村设济美堂。后随着房系的增多，由各房再设堂口，如横围片设忠信堂。同时，以家庭或家庭为单位的堂口也逐渐增多，分别命名，如大兴堂、大福堂、十成堂等，至民国后期增至近百个。上岳村的堂口组织，是根据该村族大人多的特点而设立的，成为有别于其他村的显著特点。

新中国成立初期，一些族人为解决临时困难，还保持有一些族众自治组织（如银会等），1953 年土改后，按照法律法规的规定设立村级自治组织，过去由族老为首的管理组织从此退出历史舞台。在村级，先后设立自然村村主任、村民小组长担任管理职责。2014 年后，由各自然村成立村民理事会，作为自然村自治管理的民间组织，其成员由村民民主选举产生。

银会　银会是为解决单家独户特别事项（如婚丧、生日、度荒等）急需支付大笔费用而成立的族众组织。银会的作用是救急扶难。参加银会的会员在一定时间（一般为半年）缴纳一定的钱银，然后根据先急后缓的原则安排会员借贷使用。上岳的银会有两个层次，一是太公做会，二是一般的村民做会。所谓太公做会，是房长之间发起的做会，

古村文艺表演晚会现场（2014 年）　　宋抗壹　摄

通过这个形式融资购买田产或为了保护自然村购买枪药子弹等。村民之间的做会，金额虽然有限，但运行程序和太公做会一样。一般由一人提出，几人或多人响应，商量确认后启动。参与银会的村民，一般是为解决娶媳妇、建房等急用钱的问题。如 5 人参会，每人投 1000 元，共计 5000 元。筹集后每年投标一次（暗投的形式），需要用钱的人提出用钱需求，如 5000 元、4900 元、4500 元等。投标最低者中标，如甲投的 4800 元为最低，他便可以将 4800 元拿去用，剩下 200 元作为会底。第二年这 5 人每人继续投 1000 元，会底变成 5200 元，仍是通过暗投的形式，最低者中标。往年中标的人，不能重复投标。最后一年，每人再投 1000 元，加上前面的会底，一并归最后一个用钱的人所有。通过这种形式，不但可以解决家庭生产或生活的急需，而且没有高利贷那样增加族人的经济负担。族人借助这种形式，在当地社会生活中引入公平竞标机制，堪称创新之举，加强相互之间的联系。上岳二十一世朱佐权与族人朱德赞、朱兆元等于清同治元年（1862）倡建朝瑞朱公祠，组织百子银会解决建造经费。上岳村各类银会延续至民国后期，新中国成立初期，有的村民为解决家庭经济困难，仍保留有类似银会形式的“做会”，称为“互助会”，但数量和参加人员很少，并在开展土改时撤销。

炮会　炮会是为一年一度的“抢花炮”活动筹集资金而设立的族众组织，由各村庄设立，村庄内每户有一人参会，每年的会费是“25 千克谷”。会长一般由村内或房内年龄较长者担任，管理村内炮会全面事务；2 ~ 3 人作理事，分别负责炮会财务和花炮的制作及相关日常管理，另有 5 ~ 6 名长老参与，商议炮会重大事务。横围片的朱汝栈曾经在外地打工，交际面比较广，炮会经常派其到广州、佛山等地采购材料。上岳村炮会

管理宣传图片（2016 年）　　李协湖　摄

上岳人家（2016 年）　　朱家佑　摄

于民国后期撤销。

禾黄会　禾黄会成立于 30 年代初期，主要目的是维护社会治安，防盗防偷，维护族人的劳动成果。由会员讨论商定会长和账务管理人选。会长一般由年长且比较有震慑力的人担任，村民自愿参加，只需交纳一定的活动经费，便可参会。禾黄会每年在夏收、秋收（即禾稻黄熟）两季开会，每次开会都设餐，组织会员吃饭。若抓到偷盗者，由会长决定对其作出处罚。禾黄会利用团队力量防盗防劫，在当时对维护族内治安起到一定作用。新中国成立后，禾黄会的活动自行停止。

老人会　老人会是调解家庭长幼矛盾、保持尊老爱老的传统而设立的族众组织。该会的成员，通常是 60 岁以上、有影响力、口才好、头脑比较灵活、有话语权的男性老人组成。一般情况下，老人会接到举报投诉后才会介入。如果家庭的老人希望老人会介入，通常会采取“投槟榔”的方式投诉。老人会接到槟榔后，便会跟着投诉人到其家里，教训不孝子女。如果子女知道悔改，当着老人会的面，跪在父母面前倒茶认错即可。如果不孝子女不知悔改，老人会将对其进行惩罚，如杖责等。一般情况下，子女都不敢不认错。老人会于民国后期撤销。

长生会 长生会是农户为避免家庭遇到突然变故时，没有足够的人手帮忙而设立的族众组织。该会通常由 10 ~ 20 户组成，长生会组成后，根据成员的经济情况筹集会费。每年收取的会费在会员家庭遇到白事时开支，其他会员即义务帮忙，帮助会员渡过难关。上岳村长生会于新中国成立后撤销。

舍会 舍会是为筹集祭祀费用而设立的族众组织，榨油岭等几个小自然村距洪圣古庙较远，通常由一小房的房长牵头，带领本房 20 ~ 30 户族人，在本村成立舍会，集体筹钱买田置地收取租金，在每年春分、秋分共同祭拜流经本村的小溪（河神）。参加舍会的族人，大都住在小溪附近，共饮小溪水受河神的庇佑。“文化大革命”期间，舍会被取消。80 年代初分田到户后，各村逐渐重设舍坛，多为妇女前去烧香祭拜。

谷会 谷会是为解决家庭急用钱（娶媳妇、建房子），或应对不测（家庭出现变故）而设立的族众组织。各个谷会根据其成员的经济情况确定参会的标准。每年农历四月和十月投标两次（春、秋稻收割后），通过暗投的形式，最低者中标。那些急用钱的会员，都会尽量将投标数量写低一点，以争取中标。中标后，需以房屋或田产抵押才能取钱。为解决每年族中祭祀所需之资，上岳二十世朱桐青（号凤岗）创建“丁米之例”，每年新增新丁户纳米 3 斗，由祖尝统收应用。谷会于新中国成立后撤销。

村民理事会 理事会是根据处理村中事务的需要而设立的族众组织。上岳村自清代以来先后成立各种族众理事会，在维持村庄和宗族秩序、处理事务中发挥重要的作用。如村庄的秩序由宗族理事会维持。宗族理事会由族老发起，将村内年长者组织起来，主要讨论本村事务。各房层面的理事会对房内、村内重大问题进行讨论、处理，如房内纠

村民理事会（2014 年） 杜鹃 摄

纷、房房纠纷、祠堂建设维修、村庄防御以及与其他村庄的纠纷等事务，分别在祖祠或各房祠堂召开会议，共同讨论，主要是整合族内经济资源，完善宗族互相合作与内部控制机制。从《两岳朱家族谱》中对上岳朱桐青的记述可见一斑。朱桐青是族中耆儒，他“又创丁米之例，而祀事有资。迄今递年祭龙溪县君墓，每新丁纳米三斗。公实创始焉。达与事理，凡乡邻有斗者、讼者、争者，经公排解，两造贴然”。

新中国成立后，上岳村过去的族众组织先后停止活动并解散，并逐步成立新型的村民理事会。村民理事会可分为专项事务理事会和常设理事会两种。专项事务理事会为处理族中专项公共事务而设立，如朱文焕墓的修缮和纪念馆的建设、上岳拜祖、族谱编修、重阳节敬老、朴山朱公祠的维护、朴山朱公墓重修等。通过较为严密的组织，在较短时间内完成既定任务，事务处理完成后，理事会自动解散。常设理事会是按照新农村建设的需要由各村庄设立的理事会。常设理事会的实质属性虽然仍属于族众组织，但其运行和作用与其他族众组织不同。常设理事会由各村庄（村民小组）设立，处理本会范围内的公共事务。

2014 年，上岳村按照佛冈县、龙山镇关于农村基层组织重心下移到村（自然村）的部署，以自然村（居住片）为单位成立 8 个村民理事会。村民理事会设会长、副会长和理事若干人，均由村民民主选举产生，负责处理日常公共秩序和事务。其中横围片村民理事会在朴山朱公祠衬祠设立办公室，并举行挂牌仪式。经理事会讨论决定，横围片采用争取政府扶持及村民自筹资金的方式，计划投资 200 多万元进行道路及公共设施建设，至 2016 年年底第一期工程正在施工中。此外，坑口村、横岭村和新香粉村理事会分别结合新农村建设开展基础设施整治工程，其中位于上岳村南部的坑口村计划投资 130 多万元，开展十多个重点项目的全面性整治，并于 2016 年 12 月通过清远市验收。

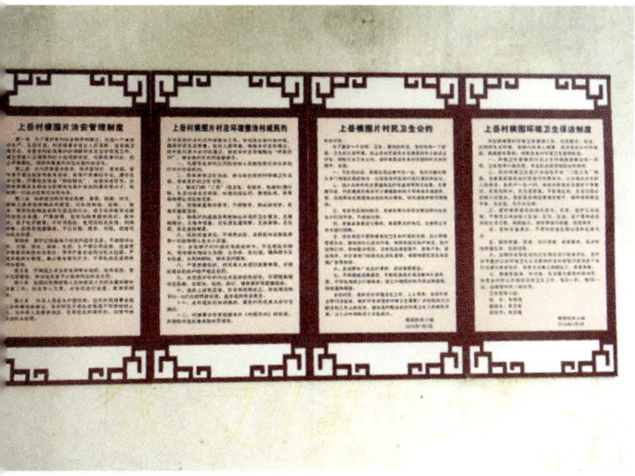

横围片乡规民约（2016 年）　李阳光　摄

上岳村横围片村民理事会办公室揭牌仪式（2016 年）

李阳光　摄

上岳村法治宣传栏（2016 年）　　李阳光　摄

◉ 村务管理

族规体系　上岳村自建村后，逐步形成以“纲常礼教”为核心，以“德主刑辅、奖惩并举”为特点的一套族规体系。族规体系由《先贤文公家训》《文公增订蓝田乡约》《柏庐公治家格言》《柏庐公劝言四则》等为先导，续订《两岳乡规十条》。以上家训族规连同《劝族俚言》均录入《两岳朱家族谱》作为族规使用。新中国成立后，上岳村先后制定村规民约，与古代家训族规共同形成完整的族规体系。上岳村族规以儒家的伦常礼教规范族人行为，建立贵贱、尊卑、长幼、亲疏有别的伦常秩序。族内一切事务的定夺、族外一切复杂关系的处理，均仰仗族长与绅耆的商议。族规先行是以先贤族规乡约为依据，利用宗族内部同祖共宗、一脉相传的血缘温情，教化与惩罚并举，“情以宽君子，法以惩小人”，注重消除族人违法犯罪的思想根源，维护宗族秩序的稳定。上岳村族规执行的显著特点，是从维护族人的整体利益和族内秩序为目标，对于不听劝阻或违规者，施以不同类型的惩戒，如警告、罚款、杖责、革谱、出族。上岳村与其他地方族规处置不同的特点是，不同类型的处罚均不采取极端暴力行为，如“浸猪笼”“点天灯”等残酷刑罚没有发生过。上岳村村务管理的传统运作制度是把族规先行与说理倡导、典型激励结合起来，形成一套严密的管理模式。

族规以捍卫宗族利益为中心。当宗族面临外贼、匪患围攻，或发生械斗时，族众必须积极护族，参与行动。清末民初，上岳村周边匪患严重，族规要求，“雇练勇十名，储备器械，晚则关锁闸门，昼夜更番巡察，有事则鸣锣告警。乡人一闻锣声，则要执仗齐出，或分追，或合捕，或邀截，庶不失出入相友、守望相助之风”。对于在械斗中临阵脱逃者，将施以严重的惩罚。上岳村严格禁止族人为匪、为盗，也不允许藏匿土匪。族规明确说明，“万一有冥顽子侄，胆敢越乎规矩之外，或窝匪，或为匪，一经查出，则集众调处，小则捆绑刑释，大则鸣官严行究办，绝不包庇”。

族规还严格禁赌。朱氏宗族认为赌博行为“凡倾家荡产，招祸速寡、卖妻鬻子诸事，无弗由此”。如果叔伯兄弟在一起玩麻将，也在明文禁止之列。因为赌注小则卑污人品，赌注大则倾家荡产。为此，在族规里明确“凡所谓番摊、天掷色、打牌、五胡、十二位、花生摊诸目，一暨严为禁止”，如有违反，将面临惩罚。

倡导德治 上岳村家训族规倡导德治，主要是对公共秩序、个人行为实行倡议、引导、教化。先贤朱熹、朱柏庐先后制定的家训、格言、乡约，就突出以上的特点。其中《先贤文公家训》从仁、忠、慈、孝、友、恭、和、柔、礼、信 10 个方面引入，说明“此乃日用常行之道”，规劝族人谨行从德。《柏庐公治家格言》从日常起居和待人处事引入，以 40 多种善恶行为规劝族人，全文词句严谨、朗朗上口，其中“一粥一饭，当思来之不易”“读书志在圣贤，为官心存君国”更是脍炙人口，为世人传颂之句。《柏庐公劝言四则》则围绕孝悌、勤俭、读书、积德 4 个重点阐发规劝，说理引导尤为详尽。《文公增订蓝田公约》以德业相劝、过失相规、礼俗相交、患难相恤 4 个方面为重点授族人以正道。以上列举的先贤训规，或从全面，或从重点循循善诱，使族人明事理、辨是非、修自身、立己德确立规范。

村务管理宣传栏（2016 年）　　李阳光　摄

采用名人佳绩激励族人向善立德，是上岳村德治为本的重要管理方式。《两岳朱家族谱》载录的《劝族俚言》一文，列举从宋末至民国期间两岳历代名人，有朱文焕及其后裔名士共 30 多人（其中上岳有十多人）的主要事迹。在该族谱“列传”编中收录两岳名人 27 人（含节妇 3 人）的生平事迹。清嘉庆十年（1805），两广总督那彦为振善风俗，激励人心，经奏准朝廷在清远域内慎选一批教友端方、忠义正直之士予以旌表，载入《清远县志》。两岳呈报评定 4 人，并获赠“型方善俗”牌匾各一方，以褒扬义行。其中上岳村朱松龄为受旌表人之一。上岳村既尊崇科第出仕的名人，也尊崇不求名利、诚心为族人服务的村民，并录入族谱列传，使族人更感亲切，学有榜样。朱桐青于清嘉庆三年至同治十二年（1798—1873）在世，字苍溪，号凤岗，为族中耆儒。朱桐青性聪而好古，学有渊源，淡于仕进，居身质朴，以尊祖敬宗为重。其先人九世祖乡贤龙溪君之墓，因数十年战乱，不知所在何处。朱桐青四处寻访，终于在松塘三坑寻获。朱桐青善于排解争讼，乐善好施，尽力抚恤贫困。流寇来犯，朱桐青与乡绅族人设法防御，保乡邑平安，其德行在族中有口皆碑。在《两岳朱家族谱（续一卷）》中，也收集许多真实感人的事例。其中记载上岳朱佑汉倡建普美学校、朱庆忠捐献 2 挺机关枪支持抗日的事迹，还有茂生堂贤裔朱润廷、朱佐坤、朱桂玲、朱桂燊捐出田地和建筑材料支持兴建普美学校，朱根尤热心支持家乡公益事业等善行义举。出于对女界的尊重，上岳村对贤良淑德的妇女也注意树立典型，予以宣传。《两岳朱家族谱》中“两岳节孝”中记载两岳节孝妇女共 53 人，其中上岳 36 人。另在“列传”编记载两岳妇女 5 人事迹，其中上岳 3 人。列传中记述朱应选淑配舒孺人的事迹尤为感人。朱应选曾任明南京都司经历，明末随史可法抗清被俘遇害。其妻舒氏出于江南望族，被封授为孺人，随夫居南京。朱

邻里小憩（2016 年）　　李协湖　摄

应选就义后，她刻树为记，携子朱敏伯历尽艰苦南归故里，回到上岳后勤于耕务，课子读书，渐至成人。后遇恶徒霸占其产业，并以石砚猛击其子朱敏伯头部，致敏伯死亡。舒孺人痛不欲生，具状到州府，终使恶徒伏法。舒孺人因虑无后承继香火，遂召集宗亲，择旁族子朱沛生入继，为夫立后。她勤俭持家，以致日渐富足，育子成才。当时两岳乡人称其胆识胜丈夫，有贤夫斯有贤妇，为村人楷模。在《两岳朱家族谱（续一卷）》中，记载有上岳七页车村朱秀英（女）的事迹。朱秀英出嫁到从化围袁家宅村后，把上岳朱氏和从化围袁氏的优良传统和家训族规有机结合起来，教育四子二女健康成长，勤劳致富。朱秀英不忘娘家，带头躬行善举，鼓励儿子袁海灵为上岳村修建普美学校、兴建公用设施等捐款捐物。莫北回为上岳朱汝逢妻子，丈夫在民国中期去世，她自己含辛茹苦，把自己的和丈夫堂兄弟的 6 个孩子抚养长大成人。她的事迹在村中传为佳话。上岳村通过典型激励方式，劝导鼓励族人团结友爱，奋发进取。

村规民约　新中国成立后，随着社会的改革和进步，上岳村以族权为代表的治理方式开始瓦解，以民主为代表的村民自治方式开始建立，而制订村规民约是村民自治的一种重要方式。村规民约又称乡规民约，在政府的指导下，根据各时期的政策特点，由村拟制，经全体村民（或家庭代表）通过后予以公布，全体村民共同遵守。因此，村规民约没有固定的内容和规条，而是在各时期有所调整变化，体现出当时的时代特征。

1953 年土地改革前后，未形成书面的村规民约，只是按照上级的部署，由土改队、农会等组织对村中各类人员提出要求。这些临时性要求虽然未形成文字，但村民必须共同遵守，所以按其性质来说也是属于村规民约。这时期的村规民约主要特点是以“不准”和“禁止性”的要求约束村民行为。如对贫下中农村民，不准同情地主、富农，不

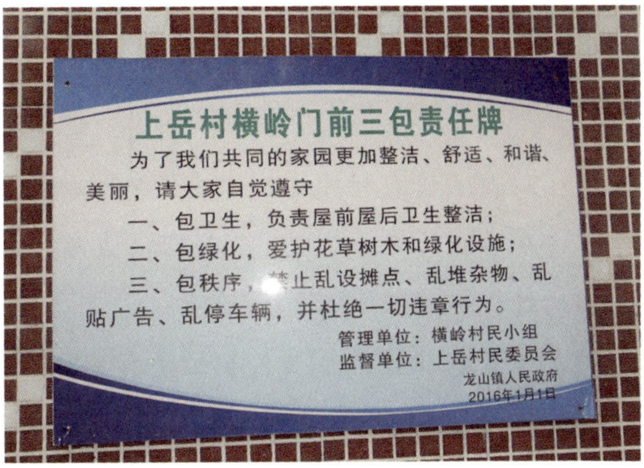

上岳村横岭门前三包责任牌（2016 年）　　李阳光　摄

准投机倒把，不准贪污盗窃等。对地主、富农的限制就更多，主要是不准反攻倒算，不准乱说乱动等。

1958年成立人民公社后，上岳村分别成立上岳、榨油岭、秧坎咀3个生产大队，由各大队党支部、管委会各自制定村规民约后公布，让村民遵守。这时期的乡规民约主要是以“守纪律”为主要特征，即要求村民积极参加集体生产、爱护公共财物等。在“文化大革命”期间，正常的生产秩序被打乱，原来制定的村规民约被废弃，村民治理只是依靠上级的政策部署执行，村民自治制度实际上没有执行。

进入改革开放新时期，村规民约得到逐步恢复和完善。1981年，上岳大队党支部、管委会公布的村规民约包括三部分共19条。第一部分是维护社会治安，保护人民群众的切身利益，主要是对偷盗、赌博等行为给予处罚；第二部分是维护生产，保护生产正常秩序，主要是对家庭饲养的禽畜毁坏农作物、村民毁坏公共设施等行为给予处罚；第三部分是开展“五讲四美”活动，树立社会主义新风尚，主要是倡导尊老爱幼、文明礼貌的风尚。

此后，上岳村乡规民约按照新形势、新要求重新制定。2014年，上岳村重新制定并经村民代表会议通过后公布的村规民约，是以社会主义法治为依据，以文明道德为主要内容，以遵纪守法为基本要求，以倡导优风良俗为出发点，共计九个方面35项，是一份全面详细和要求明确的村规民约。其中九个方面包括农业生产、土地管理、社会治理、安全和消防、环境卫生、婚姻家庭、计划生育、邻里关系、村风民俗。这份村规民约从法治、道德、行为等各方面对村民提出明确的指引和规定，是上岳村朱氏族人传承和弘扬优秀传统文化的最好诠释。

附：上岳村村规民约（2014年）

为推进我村民主法治建设，维护社会稳定，树立良好的民风、村风，创造安居乐业的社会环境，促进经济发展，建设社会主义新农村，经全体村民讨论通过，制定本村规民约。

1.农业生产：（1）各村要有专业人员管好用好现有水源，保证水浇面积，逐年增加水利投资，改善生产条件。（2）提供村民所需的良种信息，培养科技示范户，推广实用科学技术，搞好产前及产后的各项服务。（3）指导村民切实

上岳村制定的村规民约（2016 年）　　李阳光　摄

村委组织检查古建筑（2014 年）　　宋抗壹　摄

抓好病虫草害防治，实现产品优质高效。

2. 土地管理：（1）本村所有土地，包括宅基地、耕地、林地自留地等，都归村民集体所有，土地承包者只有使用权，没有所有权。（2）土地承包者有保护土地资源的责任，积极配合集体进行农田基本建设，增加投入，提高地力。严禁在承包土地上挖土、盖房，取沙建坟或私自将土地转为非农业用途，因国家建设需征用、租用的土地，村民必须配合服从。（3）严禁侵占街道、巷道和村集体土地；严禁超出宅基地乱搭乱建；严禁用各种理由侵占或毁坏现有绿化成果。（4）村委会建立土地管理档案，将土地位置、面积、承包人、土地质量、土地附属物、水利设施及土地使用权变动情况详细记载，长期存档。

3. 社会治安 :（1）村民（包括流动人口）要自觉学法、知法、守法，不打架斗殴，不寻衅滋事，禁止偷盗、哄抢集体财产，禁止窝赃销赃，禁止聚众赌博；积极参加村内的巡逻防控工作，做到邻里守望，防抢、防盗，自觉同一切违法犯罪行为做斗争。（2）村民之间要和睦相处，加强自律，不诽谤他人、造谣惑众，不无中生有、制造矛盾，不带头上访，做维护村内稳定的表率。

4. 安全生产和消防安全 :（1）发现存在生产安全、消防安全等事故隐患或违法行为时，要及时制止违法行为，同时向村委会报告。（2）居民建房应聘请有资质的建设队伍，自行施工应重视建设过程中各项安全，做好安全防护工作。（3）未经相关部门批准不得从事建筑、特种作业、危险化学品、烟花爆竹相关生产经营活动。（4）门前和周边堆放柴草杂物不得阻碍消防通道畅通。（5）积极响应村委会工作部署，参加义务消防组织；对村居周边的可燃物应定期进行清理，消除火患；正确使用液化石油气灶具，不准随意倾倒液化石油气残液。

5. 环境卫生 :（1）落实门前三包（包卫生、包绿化、包秩序）责任制，自觉搞好家居卫生；房前屋后无堆物堆料，无暴露垃圾、渣土，无乱贴乱画，无牲畜粪便，无污水流溢，无残墙断壁，无卫生死角；做到花草不践踏、环卫设施不损坏；农户将生活垃圾倒入村内指定的垃圾箱内，杜绝乱扔、乱倒现象。推行家畜圈养，对死禽死畜要进行深埋。（2）新建、翻建房屋的住户，施工完毕后将剩余的建筑渣土要清理干净，砖瓦木料堆放整齐，不准堆街占道。（3）严禁占用道路及公共场所乱堆放建筑材料，自觉养路、护路，不得在道路上乱挖排水沟，不得在道路上晒、打或堆放农作物，确保道路畅通。（4）提倡文明、讲究卫生，经常开展“灭四害”活动，做好消灭蟑螂、苍蝇、臭虫、老鼠的工作。（5）自觉维护公共设施，凡发现危害和破坏村道、休闲场所等公共设施的人和事要积极制止并及时向村委会报告。（6）以上制度如有违反，对违反者或责任人给予批评、教育、警告或给予相关责任处分；并与各类评比活动挂钩；对卫生工作出色的农户进行表扬。

6. 婚姻家庭 :（1）遵循婚姻自由、男女平等、一夫一妻、尊老爱幼的原则，建立团结和睦的家庭关系。（2）婚姻大事由本人做主，反对包办干涉，男女青年结婚必须符合法定结婚年龄要求，提倡晚婚晚育。（3）自觉遵守计划生育法律、法规、政策，实行计划生育，提倡优生优育。（4）夫妻地位平等，共同承担家务劳动，共同管理家庭财产，反对家庭暴力。（5）父母应尽抚养、教育未成年子女的义务，禁止歧视、虐待、遗弃女婴，破除男尊女卑思想；子女应尽赡养老人的义务，不得歧视、虐待老人。

7. 计划生育：（略）

8. 邻里关系：（1）村民之间要互尊、互爱、互助，和睦相处，建立良好的邻里关系。（2）在生产、生活、社会交往过程中，应遵循平等、自愿、互帮互助的原则，发扬社会主义新风尚。（3）邻里纠纷，应本着团结友爱的原则平等协商解决，协商不成的可申请村调解委员会调解，也可依法向人民法院起诉。

9. 村风民俗：（1）提倡社会主义精神文明，移风易俗，反对封建迷信及其他不文明行为，树立良好的民风、村风。（2）婚丧嫁娶提倡文明节俭，自觉执行殡葬改革规定，推行火葬。（3）建立正常的人际关系，弘扬中华传统美德。

◉ 良风传承

和邻睦族

上岳村注重亲和乡邻、团结族人，把和邻睦族作为优风良俗世代传承，不断发扬光大。

“义门”缘起 上岳、下岳统称两岳，是同宗兄弟分居而形成，故兄弟情深，同甘共苦。明初，朱子英从广州诗家里迁到上岳建村时，族众共居上岳，未分建下岳。其子朱璧、朱莹两兄弟及其子孙在上岳共居时和睦相处，相敬互爱。因兄朱璧到京赴任，弟朱莹在家乡料理族务，调教子孙，视兄子为己子，真诚训导，育其成才。朱子英与两子同在上岳村居住，临终前曾留下遗命：长子朱璧居上岳，次子朱莹居下岳。但两兄弟情意深重，不忍分离，在上岳共居达 40 年。后因族人逐渐增多，由朱莹领子孙分建下岳。自始，上岳尊朱璧为始祖，下岳尊朱莹为始祖。上岳、下岳分建后，依然唇齿相依，密不可分。朱璧、朱莹两兄弟和睦相处的事迹，在乡中传为佳话，被时人称为“义门”。曾有两岳绅耆倡议在上岳建造“义门”牌坊，以彰显二人德行，后因战乱时艰而未建成。

回赎祖产 元末明初，朱子英从广州回上岳建村后，以祖堂（朱怡堂）名义购买白牛迳（今清水迳村）一带山场野地 500 多亩为祖产，落籍在朱怡堂户，一直为两岳朱氏

村民举行敬祖活动　　宋抗壹　摄

族人出租、耕种及管理。至清前期，因时隔300多年，在土地出租、管理中情况复杂，加上部分资料（如田契、山契等）散失，逐步发生白牛迳范围的田地、山地权属争议纠纷。因当初购白牛迳一带土地时，两岳族人的一些分支堂、分支房和绅耆也曾出资，但年长日久，出资额及土地范围界线均模糊不清，发生的权属争议纠纷长期难以解决，令两岳族老和房老烦恼不已。如不彻底解决矛盾纠纷，将造成族内不和，甚至会由此引发恶性事件。清嘉庆初年，两岳族长与各分支堂、房、户商议，决定由祖堂（朱怡堂）从两岳祖尝中出资，回赎出资及界线不明的土地，回赎后收归朱怡堂祖业，不得再行争执。这次回赎，朱怡堂出祖尝白银2480.4两，赎回山场田地约500亩，由朱怡堂与各房、各户立下断卖田契共10份，田契上分别写明断卖田的四至范围和回赎价银，并写明交银人、收银人、代书人、立契人的姓名，盖上指模，不得反悔。这次回赎后，白牛迳一带的权属争议终于全面平息，从中可以体现出朱姓族房以保护族人权益为重、和睦族人的义行。

建办斋堂　斋堂是念经吃斋的地方。上岳村族规记载，从清代起，凡村内丧夫和无生育以及梳起不嫁的妇女，由太公牵头，各房捐钱，在龙井里东南侧建造一个斋堂，并由太公提供粮食（由祖尝开支），上岳村严格规定任何男人不准踏入斋堂半步。入住斋堂的妇女每年有几人或十多人不等，她们自己做饭，每天上香、拜神、诵经，终其一生。新中国成立后，逐步建立五保及困难救济制度，斋堂废弃不用，后倒塌。

乡邻友善　两岳始祖情意深重的行为，是传承朱熹理学的体现，也为两岳族裔树立了典范。在上岳村，虽然族人繁衍增多，但族人始终恪守祖训，弘扬祖德，和邻睦族的民风一直传承沿袭下来，并赋予新的含义。新中国成立后，从上岳村先后分出榨油岭、秧坎咀村，后又重新合并，如此分分合合，仍保持与上岳村同族同风的习俗。同时，族内开放包容的风气也得到发扬。随着宗族人口的增加和对外交往的加强，上岳村外姓人也逐渐迁入。如上岳村范围内的榨油岭、定家堂、黄姜岩、横岭、新围仔等村先后有黎姓、卢姓、黄姓、唐姓、袁姓等姓氏迁入。至 2016 年，上岳村户籍姓氏（男性）共十多个，其中朱姓占全村男性户籍总人口的 81.4%，其他姓氏人口占 18.6%。虽然其他姓氏人口只占极少数，但上岳朱氏族人与其和睦相处、团结友爱，没有发生欺侮外姓人的事件。黄姓、袁姓、黎姓是上岳村籍除朱姓外人口较多的姓氏。其中黄姓居于横岭村，同在村居住的还有朱姓、曾姓。该村的黄镇生曾任中共佛冈县委常委、常务副县长，后任清远连州市市长、清远市政府秘书长。他关心家乡建设，勉励村民团结奋斗，共建家园。该村自 2006 年开展新农村建设起，基础设施、村容村貌以及村民的精神面貌有了明显的变化。上岳的新香粉村于 70 年代才迁至新建村居住，村中有袁姓、刘姓、温姓、黄姓，在 2016 年新农村建设中齐心协力捐资出力，不到半年时间完成基础建设主体工程，使家乡呈现新的面貌。

上岳村村民在家中吃春节团圆饭（2016 年）　　杜娟　摄

育人成才

上岳村祖祖辈辈注重育人成才，劝导村民修身立德，保持团结和谐，形成敦孝悌、勤职业、严修身、尚勤俭及爱公益的村风民风，培育村民成为爱国爱乡、奉献社会的有用之材。

“敦孝悌” 是严格管教族人谨行孝悌之道。孝悌作为传统社会的重要道德规范，不但包括对父母、祖父母等的孝顺，而且包括对兄弟姐妹的友爱。在朱家族谱中，引用《柏庐公劝言四则》教育族人。第一则便是“敦孝悌”。文中认为爱其父母、敬其兄长，均是人的天性；做起来也不必像大舜、武周、泰伯、伯夷等圣贤孝悌之行，而要在日常的晨昏定省（早晚定时问候父母）、推梨让枣（兄弟友爱）中践行孝悌之道。同时，要求家庭内部务必注重礼俗，如尊幼辈行、造请拜揖、请召迎送以及庆吊赠遗等。在日常生活中须遵守“拜揖必恭，言语必逊，座次必依先后，称谓必期”的礼仪，切不可“恃尊恃长，逾礼法而凌卑幼”。上岳族人祖祖辈辈坚持孝悌之风，一定要尊敬长辈，兄弟团结，全家和睦。每年的中秋、春节，不管是否分家，兄弟叔侄团聚共吃团圆饭，并请长辈上座，以示尊敬。

“勤职业” 是鼓励族人善于选择并勤勉从业。上岳朱氏并不歧视士农工商四种正业之中的工业和商业，认为这四种正业并不分高低，“士农工商，各有职业。勤则职业修，而俯仰有赖；惰则职业废，事蓄无资”。族中对读书、出仕尤为重视，对族人及子女的教育，并不仅仅意在科举，而是为了知书明理。对于读书，规定“第一贵书道，如为士则必先器识后文艺，勿因读书识字，舞文弄法；作乡绅，不得出入官衙，有玷行止；为仕官，不得贪墨败戾，始辱祖宗”；对于从事农耕之人，要求“不得坏水田，坏济恤，纵牲畜，践禾秧，赖田租”；对于从事工业的族人，不得“作淫巧，造伪货”；对于从事经商之人，不得“垄断居奇，重入轻出，与乎挟资冶游，酒色浪费”。

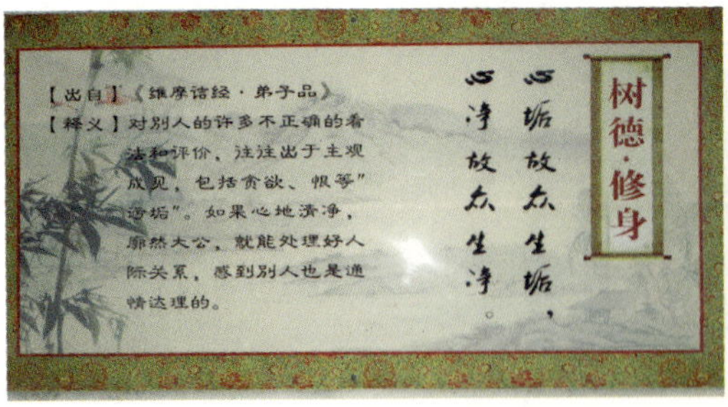

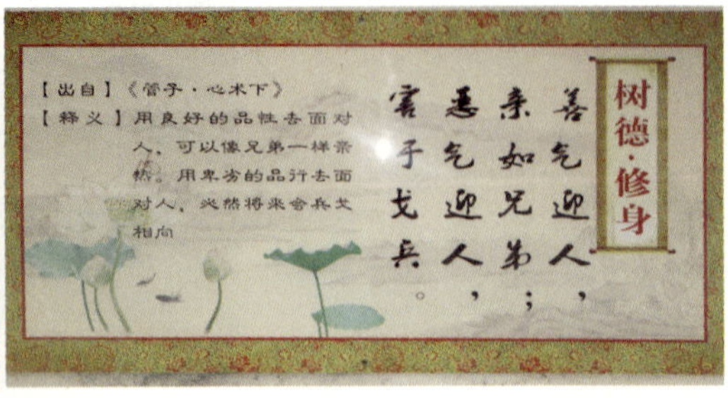

在上岳坑口村墙上倡导“树德·修身”的名言警句（2016 年）　　李阳光　摄

“严修身” 是要求族人重视个人修养，积德行善。《柏庐公劝言四则》认为在日常生活中，积德随时随地便可为之，“见蚁子入水、飞虫投网，便可救之。见乞人哀叫，辄与之钱，或与之残羹剩饭。即此便是德，即此日渐做去，便是积”。积德的对象从自己的亲戚开始，然后外推到与自己交往的“穷厄之人”以及物类（放生）。在日常生活中，日积月累，成就一个好人。内在的逻辑便是“吾辈今日不富不贵、无力无财，可以行大善事、积大阴德，正赖此区区恻隐之心”。

“尚勤俭” 是提倡族人以勤俭为持家之本、治生之道。朱氏宗族认为，每个人的本性都有两面，一面是虑及子孙，以勤俭持家兴旺；另一面是贪图享乐，自甘堕落。因此，要抑贪欲、尚勤俭。有的家庭族裔枯竭、家产败落，均源于不勤不俭。不勤则收入少，不俭则乱消费。收入少且乱消费，将会把财富消耗完，无钱时便会胡作非为，愚笨者做寡廉鲜耻之事，奸狡者入行险犯科之途。由此不但毁了家庭，而且辱没了祖宗名声。为此，族规要求族人遵循勤之道，“深思远计、宴眠蚤起、耐烦吃苦”；遵守俭之道，“平心忍气、量力举事、节衣缩食”。避免“纨绔成习、素所不谙，自负高雅、无心琐屑”。只有崇尚勤俭，才能深刻理解“孝悌之道、礼义之事”，正直做人。

“爱公益” 是上岳村村民坚持和发扬的优良传统和族风。在明、清时期，上岳村就有赈粥、平粜、扶危的义举。上岳朱宗桂为国学生，以军功授布政司经历，好为善事，见道路险阻则自出资重修，并倡建上岳石桥。上岳朱宗敬与下岳朱品端等族人在关前圩倡建惠婴堂，收养四乡被遗弃的女婴，并倡议禁止溺杀女婴。清光绪十四年（1888），鉴于清远县城东、西、北三面城墙毁损急需重修的情况，陆军提督郑绍忠与清远县令左涛酌议发起重修城墙工程，经呈报府台批准修城奖励办法，即捐银1000两者建坊旌表，捐银120两者赏五品职衔，捐银50两者赏六品职衔，捐银24两者赏八品职衔，捐银8两者赏九品职衔。两岳捐银者10人，其中获赏五品职衔的1人、八品职衔的8人、九品职衔的1人。民国期间兴建普美学校时，由族人捐款、捐物、捐地，促使学校尽快建成。在抗日战争时期，族人朱庆忠捐出机关枪2挺（当时价值为稻谷15吨）支持抗日自卫大队抗击日军，并在多次战斗中取得胜利。

新中国成立后，上岳村立志爱国爱乡的精神得到进一步发扬光大，在各行业、各岗位做出贡献。朱清岳多年担任上岳村党支部书记、村委会主任，团结带领村委一班人发动群众开展新农村建设，使上岳村在获评中国历史文化名村的同时，先后被评为省级“生态文明示范村”“农村综合改革示范村”等多项称号。民营企业家袁海灵（其母朱秀英是上岳村人）为上岳村建校、修建公共设施等捐款 120 万多元。朱日林从 1995 年起为母校上岳普美学校、浈江中学和仁化县教育部门捐赠图书 8 批次共 1 万多册，价值 6 万多元。1997 年重修扶角朱公祠时，朱扶角后人纷纷捐款，最多的捐款 5000 元，共集捐款 7 万元。2007 年改建上岳担水埔桥时，上岳村捐资者 90 多人，其中捐资 2000 元以上的 10 人。2009 年发起编修《两岳朱氏族谱（续一卷）》后，两岳族人捐款集资 25 万多元，其中个人捐款最多的朱永洲为 5 万元。2012 年举办上岳普美小学建校 80 周年庆典，上岳村人捐款用于庆典和添置教学设备等近 30 万元。2014 年和 2015 年，先后举办朴山朱公祠和朴山朱公墓重修庆典仪式，参加捐款集资的族人有 400 多人，共集捐款 33 万元，其中朱日林捐款 4.2 万元。

上岳村还有许多在各条战线上做出重要贡献的人士。其中有朱业生在中国人民解放军海军航空兵北京某部队任飞行员，先后飞过 8 种机型，数十次完成首长专机任务，多次参加各种救灾抢险空投，安全飞行近 40 年，飞行总时间超过 7000 小时。朱业生被评为国家特级飞行员，是全天候飞行员和 4 种气象条件的飞行教员、飞行指挥员。1996 年，被中央军委授予海军大校军衔，副师级，曾先后立二等功一次、三等功两次。获中国人民解放军海军飞行人员银质荣誉奖章。朱金玲任中国民航职业飞行员，为国家一级飞行员，安全飞行 44 年，获中国民航安全飞行最高荣誉——功勋飞行员。先后飞过多种

朱日林捐赠的图书（部分）及留念旗（2016 年） 朱日林 摄

朱业生立功证书、奖章（2016 年） 朱业生 摄

朱金玲获得的奖章（2016 年）　　朱金玲　摄

机种和不同型号的飞机和直升机，任飞行机长、飞行教员（技术职务）、飞行管理干部（正处级）。朱金玲曾经被派往美国、英国参加飞行培训，到香港理工大学参加现代经济管理培训。先后与美国、英国、加拿大等国家的多家通用航空公司合作飞行多年。1996 年，获中国民航安全飞行铜质奖章；2001 年，获中国民航安全飞行银质奖章；2007 年，获中国民航安全飞行金质奖章；2010 年，获中国民航安全飞行功勋奖章。2008 年 11 月退休，返聘任模拟机飞行教员。朱杰连先后在广州军区化工研究所（后改为广州溢香化工研究所）任高级工程师、总工程师、副总经理、总经理等职务，先后受聘为广东省轻工职业技术学院教授，暨南大学生命科学技术学院硕士研究生、博士生导师，与广东省科学院广东省微生物研究所合作承担国家级和省级科研项目，并自资创办广州捷诚化妆品技术研究所。他热心家乡公益事业，捐资支持家乡维修普美学校和道路建设，参与组织编修《两岳朱家族谱（续一卷）》并为之作序。朱根尤参加中国人民解放军，1979 年参加对越自卫反击战，立三等功。1989 年任团长，1991 年被授予上校军衔。在部队任职期间，他先后在花都市创办同乐大酒店、秀全汽车驾培学校等部队驻地企业。其间，他所在团和部队营区获得多项荣誉。转业后参与步行街和定点屠宰场等项目建设，并为花都区引进“枫叶集团”“广万通”等十多个项目。他热心支持家乡建设和公益事业，捐资帮助家乡修路建桥，并协助引进聚龙湾温泉度假村落户佛冈。朱伟初在佛冈先后任县体委主任、县文化体育局局长、县文化广电新闻出版局局长。在任期间组建县、镇两级文化室，建成县城游泳池，改善全县文化体育设施。先后组织举办全县性的体育运动会、龙舟大赛和花车巡游等活动，并热心组织开展青少年体育运动，提升全县文化体育水平。2004 年，佛冈县被评为省文化先进县；2012 年，他本人获国家体育总局颁发的“中华人民共和国体育贡献章”。朱伟初关心和支持家乡建设，加强上岳村文物史迹保护工作，组织申报并经评定，上岳村为“中国历史文化名村”。退休后，他参与组织村民集资维修村学校、宗祠及祖墓，改善全村生态环境和旅游设施，并全力支持开展中国名村志《上岳村志》的编修工作。朱志威曾任中国人民解放军广州部队某团军务股副连级参谋。1979 年 2 月参加对越自卫反击战，任某团尖刀连尖刀七班班长，带领全班战士排除敌人布下的地雷而负伤，为部队进攻开辟前进通道。其所在的尖刀班及其本人均立一等功。当年《解放军报》《羊城晚报》《南方日报》曾有报道，广州军区政治部编纂的《英雄赞》一书也有记载。1981 年 10 月转业回广州，因战时负伤被定为二等乙级残疾，曾参加邓朴方带领的访问团到香港访问。

朱志威获得的一等功奖章（2016 年）　朱志威　摄

朱伟初获得的证书和奖章（2016 年）
朱伟初　摄

风土民情

上岳村风土民情既有朱熹文化的沿袭，又融入广府文化的元素，呈现出南北文化交汇融合的特点。在上岳村的民俗活动中，有抢花炮、舞狮、祭井神等，其中每年举办一次的抢花炮活动为全村参与人数最多、场面最热闹的活动，抢得花炮者被视为健壮神勇的代表，以此激励村民树立争先奋进的精神。在生活习俗中，有妇女绞脸、种麻织布和有别于其他村庄的婚丧习俗。此外，该村的特产美食丰盛多样，均充分利用本地产出的原料制作，体现出上岳村民心灵手巧、热爱生活的特点。

◉ 民俗活动

上岳村民俗活动形式多样，参与人数众多，体现一种欢乐、热闹的气氛。主要活动有抢花炮、舞狮、祭井神、祠堂祭祖、元宵上灯、清明扫墓、做神功戏（八月戏）、祭祀祈福、象棋比赛等。这些民俗活动多兴盛于清代，虽然在上岳村其他地方也有开展，但上岳村在程序和内容上有独特之处。随着时间的推移和历史的发展，抢花炮、做神功戏等大规模活动在新中国成立后停办，其他活动也逐步去繁就简，特别是消除带迷信色彩的内容，使民俗活动成为丰富村民生活、增进团结和友谊的载体。

抢花炮 抢花炮活动，佛冈许多地方都有举办，流传久远，是一种组织严密、参与人数众多的民俗活动。上岳村把抢花炮称为“踩花炮”，起源于清中期，择定每年正月十七日在洪圣古庙前开阔的河滩上举办。

这一天，上岳村从清早开始就热闹非凡，敲锣打鼓、舞狮、燃放鞭炮，活动开始后，村民们纷纷到达现场，邻村及路远的亲朋好友都慕名而来，整个场面熙熙攘攘。到中午 12 点，洪圣古庙附近抢花炮场地上更是人山人海，抢花炮的参加者与观看者有两三千人。

上岳村宣传栏中的抢花炮简介（2016 年）

李阳光　摄

抢花炮的热闹场景（2010 年）

黄超贤　摄

抢花炮活动开始后，首先是烧“地墩”（一种内装火药的驱动发射装置），“地墩”内装有标记炮号的铁环，点燃导火索引爆后铁环冲上半空，这时，人们欢呼雀跃。当铁环掉落时众人争相抢拾，谁抢到手，谁就是该号花炮的得主。邻村的人也可参加抢花炮，村中不管哪个族系、房系抢到花炮，都被视作该族、房的集体荣耀。最后，花炮的大炮得主村要按规矩办事，负责下一年抢花炮的经费筹集及准备工作事宜。

花炮设 40 个，其中有大炮 4 个、小炮 36 个。大炮为头炮、二炮、二十四炮和尾炮，其余为小炮。二十四炮是 4 个大炮中的一个炮，原来是小炮，后来改为大炮。据传说，有一年民安附近村庄疫病流行，唯独抢得第二十四炮的神抓埠村平安无恙，于是上岳村的村民从此十分看重这个二十四炮，把原小炮的第二十四炮改成大炮。上岳村花炮的 40 个炮都代表各有的神灵，其中大炮中的头炮代表洪圣大王，二炮代表黑水龙，二十四炮代表寿星，尾炮代表紫微大帝。抢得头炮者，可得到洪圣大王的庇佑；抢得二炮者受八部天龙庇护；二十四炮叫作寿星炮，此炮能驱百病去邪恶，有寿星公庇佑；尾炮代表紫微大帝，抢得此炮者获紫微大帝保佑风调雨顺、五谷丰登。除 4 个大炮外，其余的小炮也名称繁多，如第十三炮叫“汉钟离”、第十四炮叫“铁拐李”、第十五炮叫“张果老”、第十六炮叫“何仙姑”、第十七炮叫“蓝采和”、第十八炮叫“吕洞宾”等。每个花炮用竹篾扎成，附上铁环，上面缀上彩色花及“公仔”人物，故称为“花炮”。每个花炮呈半圆形，花炮的下端有一块小镜屏，镜中镶有神像，写上花炮的名称。抢到花炮尤其是抢到大炮的自然村，全村群众出动，敲锣打鼓迎回花炮，放置在本村的祠堂或公共厅房，作为神灵供奉。逢农历十五日，村民都前来烧香点烛，祈求风调雨顺、五谷丰登，保佑老少平安、六畜兴旺。

村中成立“炮会”，以办理统筹经费、制作花炮和组织抢花炮活动等事宜。主要是

“旧请新”，即上年的大炮得主要酬劳当年新的大炮得主，旧炮得主要放鞭炮送神像到新炮得主的自然村，还要宴请新炮得主村的代表，以示祝贺。其中，头炮要请两桌酒席，其他大炮各请一桌酒席。同时，要负责翌年正月十七日抢花炮的工作分工：头炮负责扎好放置 40 个花炮的竹排架，第二炮负责抢花炮当日活动的茶水供应，第二十四炮负责修好道路、搭好便桥，尾炮负责抢花炮活动的主持和司仪。

舞狮　舞狮是上岳村自清代以来一直保持的民间习俗，一般在春节期间（初一至十五）进行，其中年初二舞狮拜祠堂是约定俗成的日子。此外，遇有重大喜庆的事也舞狮助兴。上岳族人认为，舞狮能“驱邪旺族”，所以把舞狮同习武结合起来，在舞狮拜祠堂、拜门户以后，还在空旷地上舞狮兼武术表演。这时锣鼓、鞭炮齐鸣，吆喝助威声声不断，呈现一派热闹景象。

古村盛事（2014 年）　　戴国铿　摄

上岳狮队在佛冈县人民中心表演舞狮（2016 年） 朱家佑 摄

上岳村传统是舞山狮（当地又称为“小艾寨头”），这种狮的狮头较小，舞起来灵活乖巧，动作很多。舞狮时伴随着的锣鼓声和清脆的鞭炮声，时而单腿独立，时而引颈高望，时而跳跃起舞，令人目不暇接。

舞狮采青是舞狮的必备环节，即舞着狮子采“青”（青菜加红包）。狮子在采青前要做很多爬、跳、滚、摇的动作，采青时还要表演观青、喜青、食青、吐青等系列套路动作。另外，根据“高青”和“水青”的不同，舞狮的舞技也相应不同，有时采“高青”时，还要叠罗汉把狮头舞高，才能把“青”取到。可见，舞狮采青并不仅仅是助兴热闹，而是一项练武强身、锻炼意志的民间体育活动。

祭井神 上岳村每个里都有一口古井，分别建成于明清时期。水为生命之源，上岳村民对水井十分爱惜，每个古井旁都设立神龛。朴山朱公祠门前的古井内还有小通道与旁边的神龛相通，据说是便于神龛与井神互相沟通。上岳村民的家长禁止儿童在井沿探头往下望井水，一来防止冲撞神灵，二来防止发生危险。在民国中期的一年，由于地下热度高，村中各古井的井口都冒出热气，远处望见宛如烧香的丝丝烟雾，久久不散，传说这是井神在井旁的神龛上香。见这情景，村民纷纷到井旁神龛烧香许愿。恰恰在这几年，无论树上果实，还是田中稻谷和饲养的禽畜，都获得丰收，五谷丰登、六畜兴旺的年景，使村民喜上眉梢，更加敬重井神。从此，祭井神成为村民的传统习惯，每年正月十五日和重大节日，由族中组织祭井神，全体村民参与。后来改由各家各户自行上香拜祭，表达合家平安、丰衣足食的愿望。

村民祭井神（2016 年）　　朱福明　摄

祠堂祭祖　上岳村祠堂祭祖是全村大事，老幼参加。传统的祠堂祭祖分为春祭、秋祭和年祭，分别在农历二月春分日、八月秋分日和十二月下旬举行，从先祖祠堂起，再到各支族祠堂。两岳大宗祠（朱子英祠）建于明代，是两岳族人最早的祠堂，后来毁于兵燹。留存的上岳祖祠（又名乡贤朝瑞朱公祠），建于清同治初年，为上岳村首先祭拜的祠堂，然后各支族分别祭拜各族祠堂。《两岳朱家族谱》把“祭祀规则”列入“乡规”编，对祠堂祭祀的祭器、祭品、祭礼，甚至祭职和祭文格式都有严格规定，尤其是祭器

宗祠（2016 年）　　林红途　摄

和祭品，对种类和数量都有严格规定，不能多也不能少。整个过程隆重、有序、肃穆。从清末起，随着族人的增多和社会的动荡，上岳村祠堂祭祖的仪式也逐步由繁变简。新中国成立后的一段时间，特别是在“文化大革命”期间，村民中止了祠堂祭祖活动。

祠堂祭拜活动，有利于纪念族中先人，增进族人间的团结和谐，传承和发扬先人开创的基业。改革开放后，上岳村祠堂祭祖活动也逐步恢复。2014 年 11 月 8 日，上岳横围片朱朴山后裔族人举办朴山朱公祠重修庆典活动，在活动中组织祭拜宗祠仪式，由各房系依次到神台上香祭拜。祭拜后，按传统仪式将烧猪肉分到各家各户，场面既庄重又热闹，体现敬祖睦族的族风。

清明扫墓 清明节是悼念祖先的节日，上岳村自明初立村起，每年的清明节，家家户户门楣插柳枝和桃叶以示驱邪，外出男丁须回乡扫墓祭拜先人，当地俗称“拜山”。祭拜时先将坟墓周围杂草铲除，再点香烛、摆供品，行叩拜礼，以示怀念，以表哀思，祭毕燃放鞭炮，然后由主持人分烧猪肉。上岳族人祭拜祖先要置办烧猪及其他祭品，在祭拜结束后切开分给族人（60 岁以上的分双份）拿回家（当地称“太公分猪肉”）。进入 21 世纪，上岳村民多采取集中聚餐的形式，男女老少齐聚一堂。

上岳村扫墓从先祖坟墓起，再到各支族先人坟墓，然后才分别由各家扫墓。两岳始祖朱文焕墓位于旧横石簕竹坦（今清城区飞来峡镇），两岳族人对祭扫始祖墓的程序和礼仪有严格的规定。清乾隆年间（1736—1795），清明祭始祖墓由两岳族人集中祭拜。从乾隆末年起，因族中人口增多，改为上岳村和下岳村轮年拜祭。每村在轮拜年必须邀请另村族老绅耆 8 人参加，以示共同祭拜之意。

上岳村自建村至 2016 年的 700 多年间，注重以扫墓祭祖活动来培养遵从祖训、守望相助的族群意识，传承和发扬团结互助、克服困难、热爱家乡、追求完美的地方人文精神，也留下不少值得称道的史事。

2016 年 3 月 12 日，上岳横围片朱朴山后裔族人举办朴山朱公墓重修竣工扫墓祭拜仪式。参与祭拜的朱朴山后裔族人有 200 多人，按传统扫墓仪式分房上香祭拜，秩序井然，体现出崇敬先祖的精神。

做神功戏 上岳村神功戏从清初起至民国中期举办。神功戏由主缘负责组织，每隔 6 年举办一次，在农历十月晚稻收割后择日举办，每次持续 3 ~ 4 天。做神功戏当年的年初二，先举行“投主缘”活动。主缘分为 14 个，分别为大主缘、副主缘、会主缘以及丁、财、福、寿、禄、贵、左炉、右炉、信童、信士、榜主缘。主缘由当地村民以暗标方式投标（以投稻谷多少为凭），价高者得，投主缘所集资金用于当年做神功戏的开支。做神功戏当天，在村口搭建神功棚，请法师打斋作法，祈求福荫。民国期间做神功戏时，还到省城广州请来粤剧戏班前来唱戏演戏，当地村民称作“睇大戏”。演戏的戏台及早准备，在神功戏开始前用竹、篾搭好戏棚。戏棚曾设在北岳楼下面的厚元里和万兴里之间的阔地，后来设在村心里前面空地上。戏棚的底板由村民拆下门楼大门及房屋门搬来铺成，戏演完后再搬回装上。上岳村曾经请过卢启光、白玉麟、马师曾、红线女等粤剧名伶来演出，此外还有舞狮、演武功、求神问卜、做杂耍、吃斋饭等活动。做神功戏的最后一天，村民抬着 14 个主缘在村内游走，后面有吹打乐队相随，还有童男童女打扮成古人跟着。上岳村做神功戏的习俗沿袭至民国后期，以后就再未举办过。在“文化大革命”期间，上岳村虽然停办神功戏，但仍通过佛冈文化部门，请佛冈县粤剧团来演出《智取威虎山》等样板戏。

上岳村在每年农历八月初五举办类似于神功戏的“八月戏”，这是上岳村特有的活动。八月戏的规模略小于神功戏，但也要进行两天三晚，每次做八月戏的费用大约为稻谷 1.5 吨，用上岳太公祖尝支付。做八月戏的地点设在龙井里，活动内容类似于神功戏，有请法师做法事、请省城戏班前来演戏等。民国后期，上岳村八月戏也停办。

祭祀祈福　祭祀祈福是上岳村民最普遍的民俗习惯，村中建有洪圣古庙，为上岳村最早的祭祀祈福场所。上岳村曾建有福善堂，相传在清光绪二十年（1894），村民见关圣帝骑着飞鸾在天空中传语教化世人，劝善警恶，故村民筹资共建福善堂。福善堂位于村心里旁边，供奉文昌、关圣二帝，兼在堂内办理施药、施棺、施茶以及商议修桥造路等善事，村民多在此烧香祭祀。民国中期，福善堂毁塌不存。此外，在上岳古村的万庆里旁曾建有关帝庙，在上岳村东北部曾建有黄牛庙、清平古庙。

清平古庙（2016 年）　　何东树　摄

上岳村“祈福求愿仪轨”地藏菩萨像（2016 年）
李阳光　摄

清平古庙在上岳古村北部 4 千米处（省道 252 线旁），建成于清初，坐南向北，重修时基本保留原来的形制。古庙分为两进，第一进前面有两根方石柱，第一进与第二进之间有小天井，第二进为正厅，设有香炉、拜坛，神台上放置 19 尊神像。古庙屋脊上有灰塑，保存完好。此外，上岳村域内各处还设有小社坛以供村民祭祀用。这些小社坛多在大树下放一块石头，有的用砖头或石块简单砌筑，前面稍平，用于插香祭拜。每逢节日或遇有喜庆事，村民均自行前来烧香祭拜祈福，此风俗一直延续下来。

2016 年 5 月，由上岳二十六世朱钜玲联系从广西壮族自治区运回一尊“祈福求愿仪轨”地藏菩萨石像，置放在上岳原洪圣古庙址旁。朱钜玲长期在广州居住，为佛教弟子，在他促成下，由广州市佛教协会、广东省化州南山寺发动佛教弟子及信众捐资 16 万多元，在广西壮族自治区订制佛像运回上岳村置放。6 月 26 日举办佛像开光仪式，广州、化州等地的佛教弟子及信众、上岳村及邻村村民近千人前来观瞻。佛像安置地点设有烧香祭拜设施，前来祭拜祈福的人络绎不绝。许多青少年还把佛像旁的一棵树作为许愿树，在祭拜后向树上抛掷许愿红布条，树上红绿相间，成为当地一景，上岳村儒、佛、道兼容的民间习俗，在此也可见一斑。

象棋之乡　上岳村村民自明代建村以来就喜爱象棋对弈活动，历代不衰。村民不论男女老少，在农闲时节或茶余饭后，都可就地结伴对弈，对弈者、围观者都神情专注，成为上岳村的传统习俗。新中国成立后，上岳村的中国象棋对弈活动更为普遍，棋艺也不断提高，上岳村因此被称为“象棋之乡”。每逢所在的区域举办象棋赛，上岳村参赛者大多名列前茅，有几年都夺得冠军。80 年代初，上岳村选派的象棋手朱世峰、朱海图、朱淑芳（女）代表佛冈县参加广东省举办的农民象棋选拔赛，分别获得第四名和参赛奖。1984 年，上岳村棋手参加佛冈县举办的象棋赛，分别获得第一名和

2016 年春节举办的上岳象棋公开赛（2016 年）
杜娟　摄

上岳人民娱乐活动（2010 年）　朱福明　摄

第四名。此后，本村棋手参加县域各类象棋赛都取得好成绩。广东省、清远市其他象棋高手也喜欢到上岳村切磋棋艺，进行对弈表演。为更好地传承和弘扬这一优良传统，上岳村已着手在中小学生中开展棋艺培训，培养青少年一代新人。

上岳村村民酷爱下象棋，处处是“楚河汉界”的战场。90 年代中期，佛冈县体育部门专程邀请广东省的国家级棋手吕钦、许银川等到上岳村举办象棋对弈友谊赛，吕钦在上岳村对 10 名上岳棋手，结果上岳村的朱吉兴与吕钦弈成和局。许银川到上岳村与村民对弈时，上岳象棋爱好者朱正通与他弈成和局。广州市总工会甲级棋手黄宗宝、中国人民解放军副军职离休干部周奋（汤塘人）到上岳村与朱吉兴、朱正通等对弈。2009 年，清远市象棋协会 4 名象棋名将到上岳村，与上岳村朱正通等 4 名棋手对弈。通过与象棋名将的对弈活动，彼此交流棋艺，象棋名将对上岳村民的棋艺给予高度评价，上岳村民也从中学习到棋艺，提高了棋艺水平。

◉ 生活习俗

上岳自明初建村以来，其生活习俗已改变其先祖的中原习俗，融入广府习俗中。清末榜眼朱汝珍在说到两岳生活习俗时，曾说过：“生其间者，言语讴歌，鼓舞动作，亦皆翘然而特异。”上岳村长期处于自给自足的封闭式经济中，其生活习俗也具有多样化、自给式和互助式的特点。除前述特色民俗活动外，上岳村民日常生活习俗丰富多彩，主要有绞脸以及婚嫁、办丧等。

妇女绞脸　妇女绞脸又称妇女净脸，是上岳村妇女之间互相美容的一种方法。绞脸又叫作“开脸”“摘额”，农村称为“打线刀”，是佛冈南、中、北地区妇女美容时保留的传统方法，有悠久的历史。绞脸就是用纱线拔除脸上汗毛，这是一种成本低廉、操作简易的美容护肤妙法。过去，民间的姑娘在出嫁前夕，既要洗发、梳妆，还要请人绞脸。农村俗称绞脸人为“绞脸婆”，一般都是中年妇女充任。绞脸时，绞脸婆先在姑娘的脸上均匀地涂上一层白粉（用谷壳烧成的白色粉末），使皮肤干爽，再用拇指在脸毛多的地方反复摩擦，直至有点火辣辣的感觉，以减少绞脸时疼痛。绞脸时两人对面而坐，绞脸婆右手执细棉（麻）线的一头，用门牙咬着另一头，左手虎口在线中间叉开 10 厘米左右，反复拧转，把纱线张开的口子贴着脸部，三点协调用力，来回拧“8”字形，让线一张一合，一起一落，借助纱线的交叉、开合、拧动之势，把脸、额、颈的汗毛和绒发绞去。姑娘经过绞脸、修眉后，两颊白里透红，容光焕发，令人生爱。绞脸之后，脸毛再生的时间大大延长，而且会越来越细，越来越稀疏。尽管现代的美容店不断涌现，也有电动剃须刀，但仍有人还采用这种简单而实惠的美容方法，使绞脸这种习俗流传下来。

种麻织布　上岳村民自明代以来有种麻织布的习俗，织成的布主要是自用，小部分用于馈赠、交换或出售。织布包括种麻、收麻、浸麻、捶麻、纺线、织制等工序，织成的布经用薯莨（一种蓝褐色植物）染成蓝褐色，俗称“薯莨布”。这种布纱线较粗，成衣后穿在身上宽松凉快，大多数妇女及部分男人都喜欢穿。从事织布的妇女，常常起早贪黑，辛勤劳动，每寸、每尺布都凝聚着她们的心血和汗水。清朝至民国期间，虽然逐步有洋布出售，但上岳村仍有不少妇女织布自用。直至50年代前期，仍有少数妇女坚持织布，到50年代后期织布自用习俗才逐渐消失。

婚嫁礼仪　上岳村传统婚嫁礼仪沿用广府习俗，由“父母之命、媒妁之言”决定，按照古“六礼”“三书”的礼制，一般经过合年生、行大聘、迎娶（或送嫁）、拜堂、入洞房、三朝回门等程序。婚嫁对象的选择及婚礼的繁简，则按各家各户家境财力的不同而有所区别，如一般农家族人则力求简单，参与婚嫁事务的多为近房族人，稍为富裕的人家也邀请族老、房老及村中农户户主参加。官宦绅耆等大户人家举办婚事，则更为隆重、烦琐，参与的人除本村族人外，地方长官、邻村族老亲朋等也应邀参加，各种礼仪也十分周全，以示气派。相传上岳始祖朱璧迎娶原配米氏（原在上岳村居住的米太公之女）时，上岳村各处均张灯结彩，迎亲路上支起帐篷，参加婚礼的除两岳族人外，还有府、县及朱璧在外省任职的同僚。整个婚礼举办7天才结束，既庄重又热闹，成为清远邑中的一大盛事。此外，官宦绅耆大户人家还有纳妾的习俗，即除了原配妻子以外，还纳妾氏1～3个，但纳妾的仪式十分简单。随着历史的进化和时间的推移，上岳村的婚嫁礼仪逐步向简约方向变化。新中国成立后，法律规定“一夫一妻”，提倡“移风易俗、婚事新办”，在举办婚礼的环节、时间、人数以及资金等方面都减轻负担。进入21世纪，上岳村结婚的男女双方，有的举办简约的婚宴，有的参与旅游结婚度假，有的参加市、县举办的集体婚礼，都体现文明进步的时代特色。

办丧礼仪　上岳村传统丧事的办理，同广府其他地方一样，按丧者不同情况分别办理。如女婴夭亡，则用畚箕在傍晚挑到山上草草埋葬。如丧者为男婴或青少年，则可用棺木装殓，再用竹杠抬到山上埋葬。如丧者为60岁以上的老者，办丧过程就较为烦琐，专门聘请法师（当地称“南无佬”）主持，一般有守灵、入殓、哭丧、送丧、埋葬、复

上岳村的砖铺巷道（2008 年）　　宋抗壹　摄

坟等程序，同时伴有披麻戴孝、放鞭炮、吹丧笛、煮寿饭、撒纸钱和米粒等程式。上岳村的丧事也是二次葬，即将丧者遗体掩埋后，过若干年后起出遗骨（当地称“起身”），用金埕（特制的瓦缸）装盛，再请地师（风水先生）选择合适的吉地安葬，建成墓园或墓地。墓地立有墓碑，并刻有铭文。在二次葬时，墓地的选择是一个严肃认真的环节，官宦绅耆人家请知名地师到四处勘查后才选定下葬处，并根据环境、山形确定墓地所处的地名及墓葬的朝向（分金）。下葬处称为“坟墓”，其中以泥土堆成的称“坟”，以砖石砌成的称“墓”。如两岳始祖朱文焕墓坐东向西，为“黄蛇听蛤”耳形。上岳九世朱琳墓坐东北向西南，为蚌形大石坟。上岳十世朱本光墓坐甲向庚（坐东向西），山形为“美女弄琵琶”。上岳村坟墓还有一个特点，就是多有夫妇合葬、兄弟合葬。如朱文焕墓为夫妻合葬，朱琳墓为夫妻合葬，朱应遴、朱应选墓为兄弟合葬等。新中国成立后，因已逝先人不断增多，加上 90 年代逐步实行火葬，故许多房系建立多个先祖的合葬墓，将多人的金埕放在一起，既方便祭拜，又减少山地的使用面积。如朱朴山后裔二十五世至二十七世先人的合葬墓，排列整齐，显示出墓葬的新风俗。

◉ 特产　美食

乌鬃鹅　乌鬃鹅又名“浥江鹅”，因其头顶沿颈部有一条宽约 2 厘米的黑色羽毛带，颈部两侧羽毛为白色，故名“乌鬃鹅”；又因乌鬃鹅的产地主要是浥江下游地区，故又

村民饲养的浛江乌鬃鹅（2015 年）　　朱家佑　摄

名“浛江鹅”。乌鬃鹅头细、嘴黑、体型适中，身上羽毛呈棕色。乌鬃鹅主要为野外群体放养，饲食以绿草、谷米、粗糠为主，饮天然河水，故肉质结实柔滑，味道鲜美，为家禽中的特色佳品。乌鬃鹅除当地自养自用外，还远销到英德、韶关和珠江三角洲等地。上岳村自明初建村以来就有饲养乌鬃鹅的习惯。上岳村民以岳溪及浛江岸边为放养地，还有古村在附近设立的耕厂（古代耕种畜牧之处），如南斗厂（现为坑口村）、元兴厂（现为七页车村）、中兴厂（现为黄姜岩村）等，村民都习惯成群饲养乌鬃鹅。90 年代中期，按照佛冈县发展“三高”农业，建设乌鬃鹅生产基地的规划，上岳村与民安镇合办佛冈县乌鬃鹅发展有限公司，筹集资金 26 万多元，年饲养乌鬃鹅 3 批，每批 3000 多只。经营数年后，转型发散给农户饲养，其中成群饲养乌鬃鹅 50 只以上的农户不少。每当万里晴空、秋高气爽的季节，成百上千的乌鬃鹅群在溪河里翻腾戏水、引颈畅鸣，与优美的自然环境交织成一幅动静相宜的彩图，令人心旷神怡。乌鬃鹅的制作方法，以焖鹅为主，还有烧鹅、碌鹅、炒鹅、蒸鹅、醉鹅等。春节除夕团圆饭，村民各家各户必定有鹅肉上桌，全家围桌而坐，显得和谐亲热、其乐融融。自 2010 年起，乌鬃鹅被列为佛冈县特色旅游商品。

村民饲养的山地民安鸡（2016 年）　　朱家佑　摄

民安鸡　清远鸡在粤菜中是三大名种鸡，名扬海内外。佛冈县民安鸡是清远鸡系列中重要的支系，尤以民安地区为盛产。上岳村属清远浛江民安地区，村民有饲养民安鸡的习惯。鸡群普遍放养在果园、山地或水塘边，青草、小虫是鸡的天然美食，平时喂养的饲料以玉米、麦皮、米糠为主。因此，民安鸡肉质结实，鸡皮脆嫩，形美味鲜，是鸡中上品。民安白切鸡的制作方法：在煮鸡的过程中要至少控净鸡肚子里的水一次，然后再放回锅中继续煮，这是为了使鸡肉内外受热均匀。煮鸡的时间通常在 15 分钟左右，煮制时间不宜过长，用竹签插入鸡腿最厚部位，如无血水流出即表示鸡熟透。为了使鸡皮爽滑，鸡煮好后紧接着用凉开水浸没，使之迅速冷却，从而皮爽肉滑。白切鸡的蘸料，以葱、姜切成细末，装在小碗内，加少许盐，再浇入热油即成。

湛江大鲩鱼 上岳村地处湛江下游，水域辽阔，水质优良，河流、水塘为沙质底，所以该地养殖的湛江大鲩鱼，味道鲜美，肉质爽脆，无污染，无泥味，广受食客追捧，甚至以吃鱼及养鱼闻名的顺德人，也前来采购。因此，湛江大鲩鱼成为当地的美食之一。

清蒸湛江鲩鱼　　钟榕斌　摄

龙山云吞 云吞原名馄饨，是遍布广东的一种风味小食。龙山云吞指现龙山镇地区制作食用的云吞，因其制法及用料独特，享有盛誉。云吞馅料以当地土猪瘦肉为主，兼有少量肥肉，加入鸡蛋清、鲜虾仁、葱末及其他秘制佐料制成；云吞皮是选用精面粉，采用竹竿人工反复碾压而成极薄的皮；汤是选用猪骨或牛骨加上章鱼等配料熬制。上岳村毗邻龙山镇，也是龙山云吞的制作地。正宗的龙山云吞的特点是肉多、皮薄、汤靓，口感爽滑、鲜嫩、味香。凡是外地游客到佛冈县一游，都要品尝这一风味小食。

特色美食——龙山云吞　　李阳光　摄

农家米酒 农家米酒是上岳村民选用当地大米为原料酿制出来的米酒，酒色透明纯净，溢香好，余香不尽，入口醇和，香气浓郁，饮后给人以极大的欢愉之感。其制作方法是：先将大米淘洗干净，煮熟饭后晾开拌松至 35 ～ 40℃时，再拌入酒曲水，然后用水缸或酒瓮装好，储藏在比较温和的地方发酵 15 天，一般蒸取量为 1 千克大米取 0.8 千克米酒，蒸取量越多，酒味越淡。

上岳村当地的糯米春糍　　李阳光　摄

糯米糍 糯米糍、发糕、盖仔糍是上岳村民最普遍制作的食品，上岳村家家会做。节假日，亲朋来访的时候，或者收花生、豆子的时节都会做上一些糯米糍。它的馅料和艾糍的大同小异，可咸可甜，有红豆馅、眉豆馅、花生白糖馅、猪肉韭菜馅等。制作过程并不复杂，首先将糯米粉倒入容器中，放入适当的水碱搅拌成糊状后，装入盘中（盘底放少许花生油），用锅蒸约 20 分钟，蒸熟后，将糯米糍搓成糍团，用手指捏成勺子形状，把馅料放进去，再包成饼状，即可食用，其质感嫩滑可口。还有一种糯米糍叫“糯米舂糍”，其制作方法相当古老：先将糯米放入容器里用凉水泡浸 24 小时，然后将米捞起洗干净，放在木桶里蒸熟，成为糯米饭。将糯米饭装起放在干净的石臼里，然后用圆木棍把饭舂成糍状，最后把糍搓成圆饼状，即可食用。食用时可蘸上蜜糖，味道香甜，质感软韧。

发糕 发糕又称“发糕糍”，上岳村民取其“发”即兴旺发达的寓意，每逢节庆或婚嫁、乔迁、做寿等，都要做发糕自食及款待亲友。发糕的主要原料为大米、红糖。制作方法是：先用冷水浸泡大米，然后磨成米浆，加入红糖及适量食用发酵粉，待发酵后放入盘中，用猛火蒸熟即成。发糕成品呈暗红色，中间有许多小气洞，故称“发糕”，食用时松软香甜，是村民喜爱的食品。

盖仔糍 盖仔糍是用盖仔做的糍，是上岳村民普遍食用的食品。所谓盖仔（又称“箩盖”），是指用竹篾织成的器具，呈圆形，有圆栏，底部平整。盖仔糍的制作很简单，先将大米浸泡后磨成米浆，把米浆薄铺在盖仔内，隔水蒸约半分钟后即熟，再取出盖仔把粉剥下即成。盖仔糍成品比纸张稍厚，像纸一样雪白晶莹，类似沙河粉。食用时用粉皮包肉丝，菜料做成粉角，也可切成粉丝与肉丝、青菜炒后再食用。

湛江醋 俗名臭屁醋，是上岳村民世代相传制作的一种食用土醋。因其烹调时会散发一股浓烈类似榴梿的气味，故民间称为“臭屁醋”。在湛江醋中加入猪脚煮熟，即为湛江猪脚醋。湛江猪脚醋制作十分简单，将焯过水的猪手（猪的前脚），放入陶瓷牛头煲里，加上蒜头、生姜和湛江醋煮上 1 个小时左右，食用时加上少量红糖、盐即可，湛江猪脚醋有一股浓烈的榴梿的气味，酸辣开胃。上岳人认为，饮湛江醋能消除疲劳、开胃消滞、除湿泻火，是上岳村民喜爱的食品，更是妇女生小孩坐月子期间不可缺少的护理食品。

炒米饼 炒米饼是上岳村民春节必备的特色小吃，圆饼形状。制作时，将糯米用清水浸泡，捞起滤干后炒熟，磨成粉，碾碎花生米、芝麻，连同米粉加黄糖或白糖水搓匀，最后将米粉团用饼模印成米饼即成。炒米饼久放不坏，既可自吃，也可送礼。

村民自制的炒米饼　　　　李阳光　摄

咸糖环　　　　李阳光　摄

咸糖环　咸糖环是上岳村民春节必备的特色小吃，形状为大环套小环，环环相扣。主要材料是黏米粉或糯米粉。制作时，将黏米粉或糯米粉加入清水和适量的盐，搓成软泥状糍团，然后搓条状，并组成圆环相扣形状，最后放入油锅炸成金黄色即可食用，味道香脆可口。过年过节时用其招待客人、馈送亲朋，兼且可以满足自己的口福。

碱水粽　是上岳村民端午节传统食品。用料为糯米、碱水、花生油。先将糯米淘洗干净，沥去水，倒上碱水拌匀，待碱水被米吸收后，再倒上花生油拌匀。粽叶洗净焯过浸泡在清水里。先取粽叶两三片，折成圆锥形，放入糯米，折好粽叶，包裹四角形粽子，用细小的竹篾或线绳扎牢，吃时剥去粽叶，撒上白糖或蘸些红糖水，味道香甜可口。

咸肉粽　咸肉粽是上岳村节庆传统美食。用料为糯米、猪肋条肉、香菇、花生仁、花生油等，包成四角形粽子，用细小的竹篾或线绳拦腰捆系好，然后将粽子放入锅内用旺火煮 1 小时，再改用文火焖煮 2 小时即可。咸肉粽味道香郁，油润可口。

◉ 传统器具

农耕机具　上岳村在历史上是以农业经济为主，传统农耕机具按照耕作过程需要制作，有铁制、木制等种类，多为村中自产自用。如稻田翻土平整用牛拉犁耙和人用锄

传统用具——米碓　　李阳光　摄

铲，稻秧栽种（插秧）用秧盘，作物收割用钩镰、禾镰，稻谷脱粒用禾桷，稻谷脱壳成米用谷磨、水碓或人力脚踏石碓，稻谷除杂和米糠分开用风柜等。新中国成立后，随着耕作技术的改进和电力的使用，以上的老旧农耕机具很多废弃不用，逐步改为电动脱粒机、插秧机、收割机、碾米机（把谷碾成米）、手扶拖拉机（机耕）等。

运输工具　上岳村地处山区，原来村中通往外地和村内的互通道路均为狭窄崎岖的小路，物品运输只能靠肩挑。如稻谷用谷箩装载，用扁担挑运；茅草用绳捆绑后，用两头尖的长竹杠（俗称“草杠”）挑运。运送物品或村民到外地用快艇（小木船）装载，上岳村置有快艇 3 艘。60 年代初建成佛旧公路（佛冈县城—清远旧横石），佛旧公路先后改为石社公路（佛冈石角—清远社岗）、省道 252 线，村内各处道路改成通车公路，村民的运输工具有自行车（当地称“单车”）、摩托车、汽车（包括轿车、货车）等。而水路运输快艇在新中国成立后即废弃不用。

生活用具　上岳村民的日常生活用具在明清时期多为村中自制自用，民国期间一些生活用具逐步改为购买使用。如穿着方面，村民多穿自制的

传统生活用具——竹箩、竹篮　　李阳光　摄

麻布衣服，在家一般脚穿木屐，出外多穿自制布鞋或草鞋（一种简易鞋）。雨天在农田劳作或外出时，村民身穿蓑衣、头戴竹篾织成的雨帽。在照明方面，最初用竹子或松明经制作后点燃以取光，民国期间改为煤油灯，后来集体活动时采用气灯（一种用煤油作燃料经充气后放光的大灯）。60 年代建成水电站后才开始用电灯照明，80 年代起使用电网电后，村民逐步购置洗衣机、热水器等家用电器。

传统农耕用具——犁　　李阳光　摄

传统农耕用具——耙　　李阳光　摄

传统生活用具——气灯　　李阳光　摄

传统生活用具——水桶　　李阳光　摄

保护开发

上岳村保护开发包括两个方面内容，一方面是对基本设施（含古建筑物）的保护和整治，另一方面是旅游业开发。在保护和整治方面，佛冈县政府于2007年委托广东省城乡规划设计研究院编制《佛冈县上岳村保护与整治规划》。2008—2012年，古村保护与整治的定位是：上岳村的发展将以生活居住、旅游为主要职能。在保护与开发相协调的前提下，将上岳村建设成为广东省特色传统民居保存完好的历史文化名村。在旅游业开发方面，2006年，佛冈县委、县政府把上岳村定为佛冈县历史文化旅游名村，把乡村旅游同新农村名村建设、乡村风情长廊建设以及美丽乡村建设等工程有机结合起来，推动上岳乡村旅游业的加快发展，形成凸显上岳历史文化特色的乡村旅游业。

◉ 古村保护与整治规划

古村保护主题

特色镬耳建筑单体和庭院式传统民居群，田园山水和古村格局，朱氏一族留下的传统文化和风俗活动。

古村保护要素　自然环境：山、水、田；物质文化遗产：古村格局、传统街巷、传统院落、历史建筑、族谱、碑刻、古井；非物质文化遗产：历史人物生平事迹、传统文化和风俗活动、生活习惯。

古村保护框架　确定点、线、面的整体保护框架。即：点——重要历史建筑的保护、院落的保护；线——街巷的保护；面——古村核心保护区、建设协调区、风貌协调区及整体格局。

古村保护目标　实现对上岳村的历史文化遗产的有效保护和对历史文化资源的有效利用。通过保护上岳村的历史文化遗产，进一步挖掘上岳村的文化内涵，推动上岳村的旅游开发。保护内容主要包括：重要历史建筑、历史文化名村核心保护区、历史文化名村建设控制区、历史文化名村整体格局。保护的重点是：重要历史建筑和核心保护区。

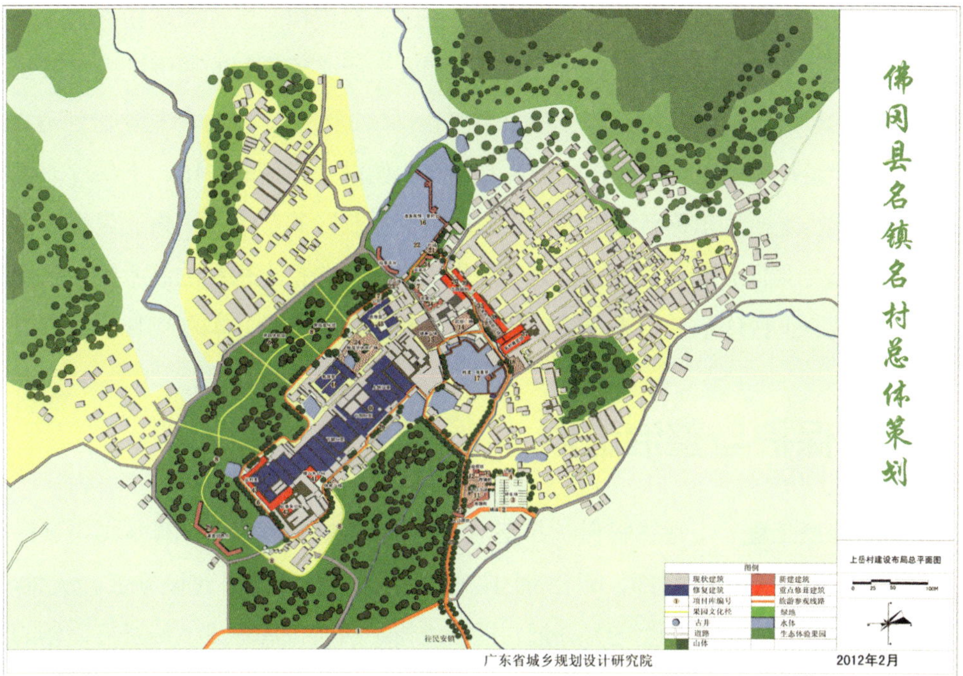

上岳村整治规划图　　　　县住建局　提供

蓝天白云与青山碧水（2016 年）　　　　朱家佑　摄

古村分区规划 把古村地域分为核心保护区、建设控制区和风貌协调区 3 个区，其中核心保护区主要包括重要历史建筑的完整和安全所必须控制的周围地段，以及古村内有代表性的传统民居区、沿街风貌带，主要包括横围小区、上岳祖祠小区、五龙过脊 3 个小区。建设控制区划定上岳村横围片北侧、西侧以及南侧的农田，上岳片北侧至此处水塘的外围，上岳片东侧至山脚线，上岳片南侧控制区的范围是由核心保护区界线外扩 50 米。风貌协调区是建设控制区外延 100 米的区域，包括上岳村的高禾片和高塱片部分已建设区域、上岳片东南角部分以及上岳村外围大片空地和山体的范围。

◉ 古村保护与整治进展

保护修缮工程 上岳古村保护与整治工程从 2007 年启动后，随即成立上岳古围历史文化名村保护建设项目部，配合佛冈县的建设程序开展项目建设施工。从 2007 年至 2012 年为第一阶段工程，主要是开展古民居维修、旅游设施建设。经过五六年的工程实施，基本完成规划任务。第二阶段工程从 2012 年起，主要是上岳古村国家历史文化名村保护设施建设项目。

2012 年 9 月，经佛冈县发展和改革局审批，项目总投资 1200 万元。项目资金来源为中央、省下达的专项资金，县的配套资金和其他配套资金。建设内容主要是对上岳古围村内朴山朱公祠至上归仁里片古建筑群（面积 6393 平方米）和古围村 12 个水塘（面

上岳古围历史文化名村保护建设项目部原址（2016 年） 李阳光 摄

修缮后的鳌鱼雕塑（2016 年） 宋抗壹 摄

积 8000 平方米）进行修缮和整治。项目工程分期分批进行建设。第一期主要是对县级文物保护单位进行保护修缮（其中一座建筑为省级保护建筑），施工中标单位为潮州市建筑安装总公司；第二期是对省级文物保护单位进行保护修缮，施工中标单位为广东五华一建工程有限公司。第二期保护修缮工程主要是对上岳古村归仁里片内 19 座古建筑的屋脊、瓦面、外墙等外立面进行保护修缮。

第一期工程于 2013 年 10 月开始施工，第二期工程于 2014 年 3 月开始施工。到 2014 年 7 月，上岳古围村国家历史文化名村保护设施建设项目古建筑群保护修缮第一期、第二期工程按时完成。2015 年 1 月、3 月，分别由广东省文物局和佛冈县文化广电新闻出版局组织省、市专家会同相关部门对上岳古围村古建筑群保护修缮工程进行验收。

第三期保护修缮工程，佛冈县文化广电新闻出版局于 2016 年 11 月初制订计划，并完成上岳古围村归仁里片内古建筑群中急需保护修缮对象的调查摸底工作，于 11 月下旬完成工程施工设计。计划在 2017 年 1 月下旬完成第三期修缮工程招投标工作，1 月底由施工单位进场施工。第三期保护修缮工程主要是以上、中、下归仁里及朴山朱公祠片区的整体保护及单位建筑排危为主，保护文物建筑的建构安全，改善横围片区内文物的立面环境。修缮内容主要有：一是做好建筑群内的巷道的给排水、消防、用电线路的管线预埋工程；二是做好民居旁围屋建筑的立面修缮工程；三是完成其他未完成的民居建筑修缮工程。

保护整治项目

上岳古村保护与整治按照规划稳步推进。到 2016 年，重点项目有划分功能片区、住宅维修整治、道路交通整治、公共服务设施整治。

功能片区　上岳村基本形成 7 个功能片区：（1）横围民居展示区（横围片），主要分归仁里和后村里两部分，该处大部分为传统民居且保存完好，并仍有部分居民居住，保留原有的居住生活功能。（2）上岳混合功能区（上岳片），主要分传统居住、农家旅游功能区和居住生活功能区。其中，传统居住、农家旅游功能区位于上岳片西北部，结合自然环境和传统民居开发农家休闲旅游功能。居住生活功能区主要位于东南侧，保留原有的居民生活功能。（3）高禾居住功能区（高禾片），主要以新中国成立后至 80 年代前建设的泥砖屋和 80 年代后建设的新房为主，建设大型停车场。（4）高塱居住功能区（高塱片），是本次规划主要的高塱片建设地区，主要以 80 年代后建设的新房为主。（5）

农家休闲娱乐区，位于上岳片北侧，高塱片东侧，主要以发展垂钓、采摘、农家乐等农家休闲娱乐项目为主。（6）公共服务设施集中区，位于上岳片和横围片交界处，依托原有百年商街发展，主要分为传统商铺展示区和现代公共服务设施集中区。（7）新村居住功能区（新村片），位于高塱片以西，横围片以北，是村庄新建住宅主要集中的地区。

住宅维修整治 将上岳村高塱片和高禾片范围内的建筑依建筑年代、建筑质量、建筑使用状况、建筑文化价值、村民的意愿等方面综合评定，划分为五类。一类住宅为年代较久、保存比较完好、具有一定传统价值的民居；二类住宅为90年代中期以后新建的各种住宅，建筑质量较好，外立面经过处理，使用价值较高；三类住宅为在一定程度破损、经修葺整治可继续使用的房屋；四类住宅为位于历史文化名村建设控制范围内切与村庄传统风貌不符的住宅，在整治期予以拆除；五类住宅为临时性建筑，破旧废弃的土房。对以上五类住宅的维修整治，按规划分别给予保护、维修、拆除、清理等不同方式处理。

道路交通整治 主要开展上岳村入村道路、片间道路和村内街巷三方面道路的整治工程。上岳村入村道路3条，分别为榨油岭处入村道路、秧坎咀处入村道路和黄姜岩处

上岳古村进村道路（2016年） 朱家佑 摄

入村道路。将榨油岭处入村前路段拓宽为 5 米，长 320 米，铺水泥混凝土路面；入村后路段不做拓宽，为水混凝土泥路面，长 410 米；将秧坎咀处入村主要道路拓宽为 7 米，作为主要的入村道路；对黄姜岩处入村主要道路不做调整。同时，对上岳村各片间道路进行整治。上岳和横围片间村主路为联系上岳片、横围片、高塱片和高禾片主轴，并将各片内环形村主路连接在一起，各片内的各个地段靠各个环形主路联系，形成一个多环相连的结构。此外，村内的传统街巷保持原有的空间尺度，以人行为主。村级传统街巷：将归仁里门前村级传统街巷和前村里门前村级传统街巷整合为一条，以保证传统街巷的连续性，在横围片形成一前一后"两横"的村级传统街巷骨架；保留上岳片一条内部横向的村级传统街巷。院落级传统街巷：横围片院落级传统街巷保存比较完整，基本形成"日"字形的街巷格局，各个"日"字通过村级传统街巷连接，形成整个片区的传统街巷格局。

公共服务设施整治 根据上岳村内不同片区人口容量的控制要求，确定公共服务设施的空间分布；旅游服务的公共与商业建筑主要设置在上岳片和横围片交界处的公共服务设施区，布置部分摊位式的商铺在高禾片；新村的高禾片和高塱片可布置出售日常生活用品的小商铺。村内公共服务设施分为旅游公共服务设施、生活公共服务设施两类。旅游公共服务设施主要包括游客接待中心、住宿设施、旅游餐饮接待设施、旅游购物设施等；生活公共服务设施主要包括村委会、商店、卫生站、活动中心、球场、休闲广场等。

◉ 旅游规划

发展定位 2007 年，由广东省城乡规划设计研究院编制《佛冈县上岳村保护与整治规划》，关于上岳村旅游发展定位是：从上岳村的自然、人文物质和非物质资源出发，以清远市和佛冈县旅游大环境为背景，将上岳村定位为以观光休闲为主题的旅游目的地，开发古村观光、农家风情、艺术写生旅游产品，将其发展成为佛冈县和清远市旅游线路上的一个重要节点，游客来源以吸引广东省内游客为主。旅游主题定位：体验明清古村民居和中国传统宗族文化，享受现代田园休闲生活。

发展目标 2012 年由广东省城乡规划设计研究院编制《佛冈县上岳村文化旅游建设规划》，发展规划目标是：（1）维护和整修现存的历史建筑、古村落、老街区、名人故

《2012 年佛冈县上岳村文化旅游建设规划》　　何东树　摄

居等人文历史资源，展示当地人文历史，提升当地的文化软实力。(2) 以非物质文化遗产为依托，挖掘和整合当地的传统节日、传统手工艺和传统风俗等非物质文化遗产，增强人文特色和文化内涵。(3) 保护和开发能够较完整反映某一历史时期传统风貌、民俗风情和地方民俗特色，具有较高艺术和文化价值的村庄，使其焕发活力。

◉ 旅游开发

旅游发展布局　上岳村根据旅游发展规划，选取现状保护较好的建筑片及环境优秀的自然片作为首期启动区，重点建设"两线、两点、一片、一园"。"两线"为旅游观光线、旅游服务线。沿进村主路，串联起入口广场、综合服务中心，注重道路两侧的绿化及建筑整治，形成一条旅游观光线；围绕村主要古建筑群环线，串联特色古建筑区与生态体验园区，注重古建筑的修复与环境整治，打造一条旅游服务线。"两点"为入口形象节点、综合服务点。入口形象节点在村庄入口处建设亮丽的入口形象区，包括牌坊、入口广场、登高塔、游客服务站、停车场、公厕等；综合服务点是结合原有的广场、上岳村祖祠、古商铺、村委会等建设游客综合服务点，满足游客餐饮、购物以及举办各种大型活动。"一片"为特色民居观光片区。该片区集中保存最为完整的古建筑群——上、中、下归仁里，重点将该区建筑进行修缮和维护。"一园"为生态体验园，结合原有的农田、果园、池塘等进行建设，游客在参观结束后，可在此体验各种农业活动，如采摘、耕作、垂钓等。

旅游功能分区　上岳村依据保护性开发的原则将古村分为 6 个主要功能区。(1) 特

上岳村村情宣传栏（2016 年）　　李阳光　摄

色民居展示区（一期）：包含以上、中、下归仁里在内的南部老村展示区，是古村落风貌的核心展示区。（2）公共服务设施集中区：对原有的大祠堂、古商铺等进行改造，布局各种旅游服务设施，如民俗广场、展览室、商业街等。（3）农家休闲娱乐区：利用原有的池塘、农田等发展农耕体验、水果采摘、垂钓、养殖科普等农家休闲活动。（4）特色民居展示区（二期）：民俗广场以北的老村展示区，是古村落的拓展展示区，可作为二期开发区域。（5）高塱新村居住区和高禾新村居住区：上岳村主要发展建设的新村片区，以立面整治和环境美化为主。（6）新村拓展区：远期规划的新村建设片区。

旅游开发模式　建立由政府、开发商、村民共同参与的股份合作制的开发模式，具体管理模式为：上岳村的古民居建筑、古道路、水系等公共设施属于全体村民集体所有，这些既是上岳村旅游发展的依托，也是上岳村村民的“入股资本”，因此绝大多数古村村民都将持股，在上岳村旅游开发的合作制经营中，村委会是村民的代表；开发商是以资金入股，是合法的业主之一；在管理上，实行由村民、开发商和当地政府共同组成的股东大会为基本形式的民主管理制度。

政府的主导作用是确保上岳村保护规划的实施、宏观调控旅游发展、协调开发商与村民之间的关系，政策制定、传达并督促其实施，对村民开展古建筑保护的相关教育以及对开发商短期行为的制止。政府参与体现在将管理、投资和经营权力下放，增加政策透明度，保证决策的正确，广泛听取民意并完善古村开发和保护的法律体系。

开发商提供上岳村旅游发展的资金支持，负责上岳村旅游业的日常经营与发展营销，运用企业化先进管理经验和市场化运作模式来促进上岳村的旅游发展。

农家乐外景（2016 年） 李阳光 摄

上岳村村民是旅游开发的“当家人”，同时还参与到上岳村旅游服务业活动之中，如与开发商联合，将自家的古屋开发为家庭旅馆，或是参与开发农家乐旅游产品，村民经培训后也可成为上岳村的导游队伍中的骨干力量。

加强利益主体之间的协调与合作，在上岳村的旅游发展过程中，建议成立一个地方旅游协作机构，由旅游业相关利益主体共同参加，就旅游发展中出现的具体问题或重大决策共同研讨。政府应充分发挥主导作用，促进地方经济、社会、文化和环境发展相协调。村民的利益可以通过村委会为代表。同时，通过旅游协作机构，各利益主体都有“话语权”，国家、地方、当地居民和旅游投资者，参与到旅游活动中居民的利益可以得到有效的协调，村旅游业有序的发展也得到有效的保证。在上岳村旅游发展过程中，村民应积极与开发商合作，将自家的古民居开发为家庭旅馆，参与旅游服务业，并通过村委会参与到上岳村旅游业发展的具体管理。

旅游开发企业 佛冈县上岳古村落文化旅游开发有限公司于 2013 年成立，当年 4 月 15 日在佛冈县工商行政管理局进行名称预核准，依法注册，于 4 月 19 日取得企业法人执照，公司注册资本为 90 万元。佛冈县上岳古村落文化旅游开发有限公司于 2013 年 4 月对佛冈县古村落文化旅游开发项目作出可行性报告，项目占地总面积 4.5 万平方米，项目计划总投资 3261 万元。项目投资主体佛冈县上岳古村落文化旅游开发有限公司，计划总投资 1500 万元，项目开发分近、中、远三期完成，近期开发时间为 2013 年 5 月至 2014 年 4 月，中期开发时间为 2014 年 5 月至 2017 年 4 月，远期开发时间为 2017 年 5 月以后。2013 年，佛冈县上岳古村落文化旅游开发有限公司与佛冈县上岳村民委员会签订《佛冈县上岳古村落文化旅游合作开发协议》，经营期限为 40 年。

古村内巷（2013 年）　　宋抗壹　摄

◉ 旅游服务

景观设置　上岳村主要建成四大景观：（1）上岳印象入口广场景观。设立停车场和服务中心等配套设施，同时发掘上岳古村最深层典型的文化精髓，打造古村入口标志名牌，使人印象深刻、过目不忘。（2）中心塘景观。建设环湖木栈道，不破坏湖面生态功能；种植荷花等水生植物，净化湖面环境；整治湖岸建筑界面，利用落羽杉等高大的水生乔木作遮挡，以及配合建筑立面改造，重点改造村委建筑成为观景制高点。（3）归仁里文化广场景观。融合两池为一池，架设归仁桥，让水面开阔可侧影建筑立面；在前广场打开空间，留有开阔广场，为摄影爱好者服务。（4）古商铺街建筑及景观整饰。提取上岳古村现状古民居的建筑形式与符号，保留现状商铺街区的旧风貌，通过墙面整饰及对危房改造，结合旅游恢复古商铺功能。

上岳村公园（2016 年）　　李阳光　摄

古民居一角（2016 年）　　林红途　摄

景区划分

上岳村旅游发展的景区划分为 6 个分区：入口迎宾区、明清古民民居庭院参观区、五龙过脊和古村起源观光区、不同时代建筑和文化对比区、百年商街区、农家风情区。

入口迎宾区　是上岳村景区的主入口，位于上岳村入村主路和上岳横路的交叉口区域，占地面积 2.15 公顷。在功能上，入口迎宾区主要满足进入景区的收费、游客中转、集散的需求，也为游客提供外围欣赏上岳村横围片前立面的场地。其建设要点为：在入口广场竖立巨型广告牌，对旅游区起引导与提示作用。在村主路口处修建入村收费站。在上岳村入口处的空地规划为游客进入上岳村的入口广场，面积约为 950 平方米。将上岳祖祠作为介绍上岳村起源发展历史、朱氏后人兴衰荣辱的经历和上岳村以及建筑特色的科普教育展厅。上岳祖祠与其之前水塘之间的风水关系，成为向人们展现中国古代建筑选址的生动解说。停车场建设，在入口迎宾区修建面积为 0.69 公顷的停车场，小汽车的停车位为 250 个左右。

明清古民居庭院参观区　主要是向游人展示明清建筑庭院和具有特色的镬耳建筑。游人在这里可以感受到广东镬耳楼建筑庭院的特色。其建设要点为：将上归仁里、下归仁里和后村里定为主要向游人展示的明清建筑院落。在每处明清古院落的入口处挂牌，

镬耳楼一角（2008年） 宋抗壹 摄

介绍此处院落的结构、历史，以便游人了解；整修上、中、下归仁里，敦厚里以及前村里等古居民院落及其内部和周边的环境。重点整治横围片的几个水塘；改善古村内基础设施，提高居住环境质量；将泗吉堂改造为介绍明清时期科举考试的一系列流程和古时人们在私塾读书场景；中归仁里主要是向游人展示特色的院落结构；下归仁里与上归仁里的院落结构类似，将下归仁里作为建筑展示的院落。

五龙过脊和古村起源观光区 由上岳片五龙过脊保护区和广厚里组成，占地面积为0.98公顷。五龙过脊和古村发祥观光区是以五龙过脊和五龙过阶建筑以及两处不完整的元代村墙为核心，发展主题是向游人展示上岳村的特色建筑和村起源的地段。其项目要点为：在五龙过脊和五龙过阶建筑的入口区，设立向游人介绍建筑的立面结构、五龙过脊和五龙过阶名称来源等内容的展示牌，将五龙过脊和五龙过阶建筑作为完全开发参观的建筑，并利用整理出的空间增设公共绿化空间和供游人休闲的建筑小品。

不同时代建筑和文化对比区 位于上岳片，占地面积为3.1公顷。将这一区域的旅游主题定为明清建筑和80年代前、80年代后建筑特色、文化的对比。其建设要点为：此区域的旅游形式为导游对明清建筑讲解后，游客自由参观，感受不同时代建筑、文化的差异。选取明清时期镬耳建筑和80年代前建筑作为对比，由导游进行讲解。

百年商街区 位于上岳村原商业老街和上岳祖祠前立面后部分区域，总面积为0.85公顷，街巷长105米，以传统街市形式重现上岳村曾经的辉煌和市井生活场景与游览氛围。其建设要点为：整治上岳片和横围片建筑的前立面，恢复原传统街巷的景观。通过

上岳村归仁里、镬耳楼简介（2016 年）　　李阳光　摄

对外立面的整治，整个街巷上的建筑错落有致地排列，恢复原旗幡摇曳、招牌林立的浓烈旅游商业气氛。横围片商业老街主要是发展农家绿色产品商铺为主，销售居民自家养殖的家禽、蛋类以及自家种植的蔬菜、瓜果等农副产品，吸引当地居民参与到旅游活动中。横围片原有建筑修整后改造为茶楼，旁边即是棋牌室，游客可以在这里边饮茶边体验上岳村源远流长的象棋文化。

农家风情区　位于上岳片东南部，北部至上岳片北部水塘外围，东侧至上岳村北部山体的山脚处，东至上岳片与横围片之间的村路西侧的一块农田，南至上岳片的外边界，面积为 3.64 平方米。其建设要点为：整治此处水塘，变死水为活水，并在水塘养殖鱼、虾等。经过环境的改造，此处的景观形成一派青山、碧水、古舍的悠然传统古农村风光。沿水塘布置供游人钓鱼、虾的场地。在水塘南侧设置品尝农家菜的餐饮设施，建设以特色的农家“简陋搭棚”为主，一次可接待 500 人左右。在农家乐园内的水塘西侧修建为举行踩花炮活动或其他大型活动的广场，占地 2939 平方米，可容纳约 3400 人。

旅游设施

经过自 2007 年起的旅游项目建设，至 2016 年，上岳村建成的旅游设施主要有荷塘、广场、服务中心、展厅等，供游人参观、游览及小憩。

荷塘　位于上岳祖祠——乡贤朝瑞朱公祠门前 100 米处，原是上岳村委会的鱼塘（古称“三角塘”），面积约 1.2 公顷。2012 年由佛冈县政府投资 150 万元建设，塘中种植有莲藕，莲叶浮于水面，建有长 100 多米的九曲桥横跨塘面，桥端建有一个六角凉亭，

上岳荷塘（2014 年）　　何东树　摄

游人可沿九曲桥休闲欣赏莲花及上岳村优美风景。荷塘沿岸设有木制护栏，护栏边每隔 10 米左右设有石板凳，方便游客闲坐。

入口广场　在上岳村入口处空地建设游客进入上岳村的入口广场，面积约 950 平方米。2012 年由佛冈县政府投资 50 万元建设，在入口广场修建有停车场。入口广场旁的宣传栏设有上岳古村、上岳先祖（如朱璧、朱琳）以及上岳民间习俗等简介。

游客服务中心　2012 年由佛冈县政府投资 60 万元在上岳村入口广场北侧建设游客服务接待中心，向游客提供咨询、为游客配备导游、村内旅游路线图、订购车票等服

游客服务中心（2014 年）　　李阳光　摄

古村小旅馆（2014 年）　　李阳光　摄

务。建成占地面积 180 平方米房屋一座，门前楹联为：上国五千年文化灿矣，岳村十八里景色美哉。游客接待中心为游客提供各种旅游及服务信息查询，为游客提供出游指导，还可提供游客集散中心、旅游交通工具租赁、票务预定、宣传促销阵地和信息反馈渠道等附属功能。在接待中心门前左侧还建有宣传画廊，画廊上刻有上岳村传统民俗“抢花炮”和“祭井神”的情况介绍。根据旅游接待需要，上岳设置村情宣传栏、古村小旅馆等设施，为游人了解上岳村情和小憩提供方便。

上岳古韵新貌展厅　上岳村古韵新貌展厅设在上岳祖祠——乡贤朝瑞朱公祠内，是纳入广东省地方志资源开发利用项目之一，面积 443.5 平方米，于 2014 年开放参展。该项目由广东省人民政府地方志办公室拨出专款，佛冈县史志办公室组织实施。展厅正门上书“上岳古韵新貌展厅”8 个大字，门两边有一副鹤顶格（又称“藏头格”）对联：“上含万丈春光沛国两朝天子；岳集千层旭日紫阳一代圣人。”展厅内设有 36 张 144 个座位的排椅。展厅的主要内容是三面墙壁上的大型喷画，分为古村渊源、建筑特色、文化源流、民情风俗、史事纪略、古迹景点、人物传记、新貌剪影 8 个部分，采取以文配图的形式，记述反映上岳村的历史轨迹。展厅的展览实物主要有记载上岳村内容的《佛冈县志》《佛冈 200 年》《上岳古韵》等书籍、文物照片、征集的文物，另有一个显示“象棋之乡”比赛用的大型立体活动棋盘。舞台背景墙两旁各有 5 面鲜艳的红旗。上岳展厅集展览、会议、培训、演戏为一体，给来宾和游人展示上岳村深厚的历史文化渊源，反映上岳村历史发展的古韵及新貌。游客可以通过到本展厅观展，激发建设社会主义新农村、推动建设全面小康社会的热情。

旅游线路　为了使游客能够深切地感受到上岳村的文化、历史以及建筑特色，旅游线路的规划是以一种展现上岳村发展演变历史的目标而设计，并在线路的设计上力求动

上岳古韵新貌展厅一角（2016 年）　　李阳光　摄

上岳村旅游线路指示牌（2016 年） 李阳光 摄

静结合、古今结合、人文与自然结合，让游客在旅游线路上感受不同的旅游节奏。游客进入入口迎宾区，首先在游客接待中心领取全景区的导游图，然后按顺序参观游览，可分组活动，漫步观里，远眺岳山、龙山和象山，也可到“上岳人家”和“小旅馆”休息，并可到接待站进餐。最后回到停车场，至此完成上岳村的游览经历。

具体行程：停车场—入口广场—上岳人家—荷塘曲桥—上岳展厅—五龙过脊—泗吉堂—高台观景—归仁里—朴山朱公祠—朴山古墓—庙桥佛像—停车场。

上岳十景

按照上岳村的景观特点和旅游线路安排，把上岳村沿途景点归纳为上岳十景。

上岳人家 上岳公园位于上岳村委旁，竖有“最美乡村”标志石，公园内有绿树花草、休闲健身设施。“上岳人家”位于公园旁，供游客游览和小憩。公园内还有上岳古村游览图、村规民约和公共道德等宣传专栏。

荷塘曲桥 荷塘曲桥位于上岳公园旁，荷塘周围建有栏杆，曲桥在荷塘中间，离水面 3 米多。沿曲桥漫步可以从各个角度观赏荷花及上岳村周边环境。

上岳展厅 上岳展厅在荷塘曲桥旁，展厅大门即乡贤朝瑞朱公祠大门，上面书有“上岳古韵新貌展厅”8 个大字，大门石刻匾额为“乡贤朝瑞朱公祠”，大门两旁刻有对联，并有上岳村史村情简介。进入展厅，墙上有大幅喷画和文字，连同摆设的实物，分 8 个部分展示上岳村的历史文化。2012 年，乡贤朝瑞朱公祠被列入佛冈县不可移动文物名录。

五龙过脊 五龙过脊是镬耳楼的特殊建筑，位于古村北部的厚元里。从上岳展厅到厚元里，沿途有百年商街（遗址）、左桥头里门楼、右桥头里门楼、广厚里门楼和彤绣朱公祠、槐亭朱公祠，然后到达厚元里外门楼、内门楼。进入厚元里内门楼的右边，有一栋五座相连的镬耳楼，顶上 5 个镬耳首尾相接，犹如五龙飞舞，故称“五龙过脊”。2012 年，厚元里内门楼和五龙过脊被列入佛冈县不可移动文物名录。

泗吉堂 泗吉堂为古学堂，参观游览五龙过脊后须从原路返回，经过百年商铺——怡泰（仍在营业），后到泗吉堂。泗吉堂保存完好，2013 年重新维修，外墙和内墙都有精美清晰的雕刻和壁画，可见当时人们读书的氛围。2012 年，泗吉堂被列入佛冈县不可移动文物名录。

高台观景 高台观景地点位于泗吉堂旁边的三层楼房顶部（朱茂平楼房），在这里可远眺上岳三山（岳山、龙山、象山），古村十八里尽收眼底，并可作为拍摄点拍摄上岳十八里全景照。

归仁里 归仁里位于上岳村横围片，里名出自孔子“天下归仁”的名句。归仁里分为上归仁里、中归仁里、下归仁里。上归仁里位于泗吉堂西南面，转两个弯即可到达。上归仁里由朱朴山次子朱美繁建于清代，门楼门楣上方有“归仁里”3 个大字，其中“归”字为繁体字。里内民居为“回”字形结构，四周为围水屋，中有一栋一连四座的镬耳楼。中归仁里紧靠上归仁里，由朱朴山长子朱开繁建于清代，在 3 个归仁里中最早建成，门楣上方有“归仁里”3 个大字，其中“归”字比上归仁里的“归”字少一画。里内民居为“日”字形结构，四周为围水屋，中有两列每列三座的镬耳楼，其中有一列三座镬耳楼为五龙过阶。下归仁里紧靠中归仁里，由朱朴山 4 个儿子共建于清代，在 3 个里中最后建成，门楣上方有“归仁里”3 个大字，其中“归”字比中归仁里的“归”字又少一画。门楣上方还悬挂有“武魁”牌匾（复原制作），是中归仁里朱大钧考取武举后由清廷颁发的。里内民居同中归仁里一样，也是“日”字形结构，四周为围水屋，中有两列每列三座的镬耳楼，其中一座为四美楼。2012 年，上归仁里与中归仁里、下归仁里和朴山朱公祠同被列入佛冈县不可移动文物名录。

朴山宗祠 朴山宗祠即朴山朱公祠，位于下归仁里旁边，建于清乾隆四十六年（1781），是朱朴山 5 个儿子为纪念父亲而建。朴山朱公祠是上岳 7 个宗祠中保存最为完好的宗祠，宗祠门楣上方有“朴山朱公祠”5 个大字，门前有木栅栏，祠顶有镬耳，并有灰塑。宗祠雕刻壁画精美，保存完好。宗祠前面地坪有古井，古井的特别之处是有神龛与井壁相通，村民有祭井神的习俗。

朴山古墓　朴山古墓位于上岳坟前埔，是清代建成的安装朱朴山墓地，2014 年重新修建完善。墓旁有朱朴山族裔捐资企划等情况简介。

庙桥佛像　庙桥位于古村东面的省道 252 线旁。桥下有地藏菩萨像，供游客祈福求愿。

艺文　杂记

上岳建村后，自古至今涌现出不少官宦及文化人士，著述作品十分丰富。从上岳村朱氏始祖朱璧起至今，历代文人墨客不断涌现，其中有不少身居乡村而以诗文、楹联自乐的乡村业余文化人士。本类目分别记述上岳村历代文化作品情况，其中艺文前半部分为概括性记述；后半部分记录从古至今上岳村籍人（含其妻、子女）撰写的各类艺文，也包括外村人撰写关于上岳的艺文。经精选收录的艺文类型有诗歌、楹联、散文、史录、游记、特写。杂记收录的内容，包括上岳村的古迹及由古迹产生的奇闻逸事，如“仙牛脚迹”等，还有上岳村历史上曾发生过的真实记录。此外，上岳村遭受自然灾害的“灾荒实录”，也在本类目随文附记。

艺文歌赋有异彩，古村文化育英才。
更有古迹传说在，引得才思源源来。

◉ 艺文

明清和民国期间上岳先贤诗文，收录在《两岳朱家族谱》中的“艺文”编。“艺文”编收录有辞章（即著作卷集）目录 20 种，其中上岳朱珂（号鸿

镬耳系情（2016 年）　　林红途　摄

上岳村图书室（2016年） 李阳光 摄

上岳朱业强书法作品《朱子家训》 李阳光 摄

磐）撰有《丽藻丛珠集》《凌敲庐稿》《汇选唐明诗》3集，可惜只存目录，未存全文。另在族谱全文收录的文章有6篇，五言诗及七言诗共40首，附记中有其他族姓9位历史名人的七言诗9首。以上诗文从当时众多诗文中精选录入，内容有记事、咏景、抒怀等，蕴含的历史文化相当丰富。

新中国成立后，上岳村党政军界、科研界和社科界涌现出不少有成就的人物，他们的创作可概括为科研文化，主要是从职业特点出发撰写的科研性论文、业务教材等。其中上岳人士（含其妻、子女）编写的科研书籍60多部，科研论文（含自然科学和社会科学领域）100多篇，其中在省级以上报刊刊登的及获奖的作品50多部（篇）。

上岳人士在结合生活、感悟生活中创作的诗词歌赋及对联、摄影等作品，有的刊登于省、市、县级报刊或获奖，有的作为抒情写意而自娱自赏，均体现出上岳村群众性文化内容丰富、形式多样的特点。其中上岳村朱吉兴收辑有《朱吉兴诗联集》，收录其撰写的古诗、对联30多首（副），是上岳村业余文艺爱好者的代表。上岳朱业生妻宫异娟，曾任《北京晚报》副总编、中国晚报工作者协会国内新闻分会会长、北京市文学艺术家联合会理事等职，高级记者职称，获“北京市优秀新闻工作者”称号。从业30年间，她所写的稿件及论文获奖近30次，曾主编、编辑或参加写作的书籍超过70册，美联社、《国际先驱论坛报》、加拿大《麦克莱恩》杂志等十多家海外媒体都曾对她进行过报道。

上岳村的社会文化还包括县及有关单位、社会各界人士编写的著述及文章。其中佛冈县史志办公室于2013年8月编写出版《上岳古韵》画册，内容包括古村溯源、建筑特色、文化源流、民情民俗、史事纪略、古迹景点、人物传记、新貌剪影8个部分，发至上岳村每家每户。2015年编写出版的《佛冈古村落》，被列入广东省地方志资源开发项目，收录佛冈县范围内的古村落15个，把《上岳古村——中国历史文化名村》列为

宫异娟参加主编、编辑和写作的各类书籍共 70 余册
宫异娟　摄

佛冈县史志办公室编纂的《佛冈古村落》和《上岳古韵》
钟榕斌　摄

第一篇。此外，《佛冈县志》《佛冈文物》等志书、地情书也收录了上岳村的相关内容。

2016 年 12 月，上岳村为配合中国名村志《上岳村志》的编修工作，发动村干部和群众以及外出工作的干部，积极提供情况和材料，为编修村志服务。

诗与歌

飞来览胜（二首）[①]

〔明〕朱璧

一

飞来今两驻征轮，暂醉榴花五色新。
云物讶从天竺寺，梦魂常对舒州身。
凭高尽拟开怀久，恋阙应知入眼频。
华发自惭勋业晚，安期倦术敢重论。

二

由来去就非人力，灵鹫遥思诧武林。
云雍莲花浮佛座，月移山影浸波心。
樽开岸竹曾堪律，法说荒台已布金。
吩咐老僧勤护住，莫令他掷苦悲吟。

① 摘录自《两岳朱家族谱》重印本，2013 年。

峡山览胜[①]

〔明〕朱琳

归来赋就雍霜裘，日傍青山访旧游；
灵鹫远从天外出，瀑泉飞向峡中流。
丝竿满地非求鲤，金锁千秋已断牛；
借问河阳花几许，种桃人已卧丹邱。

峡山寺[②]

〔明〕朱守鲁

福地天开胜，飞来事有无。
东游蓬岛近，南望海门孤。
烟艇应浮月，山灵不病吾。
登临休感慨，且进峡山鲈。

孝祖悟训

朱瑞佳

祈求多福人常情，孝祖悟训须先行。家训乡规祖已定，常常读读务修身。父母恩深终有别，起居饮食多关心。只重资财薄父母，须知天理也难容。古来祖辈贡献大，扫墓祭祀要至诚。无后之人因不孝，孝悌之人儿孙随。骄奢淫逸结苦果，节俭谦勤后福长。家计若现不如人，反思自身再前行。饱食终日智亦愚，勤读经书愚也贤。勤俭精简未雨缪，他日定会百业昌。百般技艺藏一身，何愁人生无彩霞。施恩勿望他人报，受惠大小不可忘。资财助善福尤在，阴招害人祸也延。贪得无厌富亦烦，少欲淡食贫也欢。平生贡献力虽微，尽力而为意真诚。两岳族谱续新篇，且留片语励后人。

---

① 摘录自《两岳朱家族谱》重印本，2013 年。

② 同上。

辛巳年端午怀古

朱吉兴

列国风云战未休，七雄争霸主沉浮。
燕齐军马随烟没，韩魏兵车逐水流。
佩印抗秦施妙计，盗符救赵运奇谋。
忠言谏上千秋恨，屈子英名万古留。

灵自穗归，共游上岳[①]

钟国强

古村天欲暮，远客沐荷风。
石巷尘心静，青砖匠诣工。
钩檐悬日月，镬耳入苍穹。
回望高榕畔，桃源夕照中。

守望在归仁里的青砖红楼梦[②]

廖镇尧

我放养的蜘蛛不敢结网
太婆没了牙齿的皱脸
便成了风景
拴马柱歪在门前
堂妹妹们总是彩蝶儿般在嬉戏
我发誓要把那间用花岗岩砌成的银库
占为己有

这一天的阳光有了初夏的气息
种下不久的禾苗柔软地舞蹈

① 原载《湛江文艺》2014 年第 2 期。
② 原载安徽省文联主办的《诗歌月刊》2015 年第 10 期，山西省文联主办的《九州诗文》2015 年第 11 期。

欢迎着一群听说是爱好文学的疯子

我趿了一双发黄的塑胶拖鞋
把笑脸堆得看不见自己
口若悬河把祖宗推介
那些陌生的脑洞
竟然伸手抚摸长满青苔的青砖
撩起漂亮的长裙爬上几乎旧断的木梯
看那些空空荡荡的旧屋和门窗
和残垣留影

我为了我的银库卖力地介绍
美女们给了我不少的小费
门楼前的水塘倒映着美丽的裙裾
妖娆在我心房

我把仙人掌丢到青瓦背上
它们安静地向天空伸出了小小的红花
我想我该买一双木屐
美女们说了
走在青石板的小巷里
撑一把油纸伞
连水滴都能敲痛敏感的心脏

我想试着趿一双木屐
在归仁里的王国里
只做一回贾宝玉

佛冈走笔：上岳古村

罗东文

举步龙山观上岳，荷塘镬耳古村庄。

百年不竭沧桑井，清水甘甜润四方。

镬耳楼，我永远的故乡

1=C 2/4

作词：张凤萍

作曲：张凤萍 廖淑芳

深情地

楹联

上岳行政村十九条围名

朱吉兴

二十三世祖酉光，于乙酉年在神功棚门口，用上岳各里名字写下一长联对首，凡四十一字，距今六十多年，还没有人续成下联。余不自量力对成下联，以慰先贤生前的心愿，请各位前辈叔伯兄弟加以斧正。

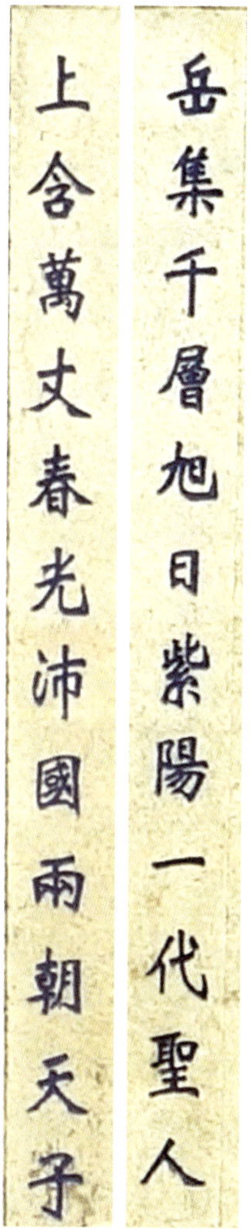

门联

原作上联抄录如下：适上岳，登东山，望见前村、村心、广厚，通入后园，内有万兴，外有桥头，建造书楼，士子潜修，个个归仁皆敦厚。

下联亦以各里名字作对：览象岗，观龙井，环游大埔、埔尾、羌岩，行过秧坎，南连七页，北连鹤咀，仰瞻圣庙，庶民参拜，人人忠厚共迎恩。

乡贤朝瑞朱公祠大门对联

朱吉兴

上含万丈春光沛国两朝天子；

岳集千层旭日紫阳一代圣人。

朴山朱公祠重修竣工庆典楹联

朱有礼

上岳华堂焕彩朱门历代家声远；

朴山裔嗣连枝昆仲宗亲世泽长。

散文

古村落的古画新韵 [1]

易冬花

去年金秋，暖阳高照，凉风习习。我与友人乘车来到美丽的乡村——广东省清远市佛冈县龙山镇上岳古村，寻找壁画。

① 原载《海南农垦报》2015 年 4 月 29 日、《广东地方税务》2015 年第 4 期。

刚下车，眼前就呈现一片明清时期上岳古村的建筑。古朴的青砖黛瓦，外形别致的“镬耳楼”，古香古色的壁画，我仿佛穿越了时空隧道。

据史料记载，上岳古村始建于宋末元初，完善于清代，经过700多年的历史熏陶和洗练，建筑设施至今保持完好，其建筑风格与众不同之处是高低错落的“镬耳楼”，这些楼因房屋顶部弯曲形似镬耳而得名，古村遗留下的历史文化保存完好，主要见于匾额、楹联、壁画、雕刻等，仔细访问寻找，从地上可见的，莫过于深藏古村的壁画。

漫步古巷，踩着高低不平的青砖，我走进了一座祠堂。祠堂的壁画描着蝙蝠、猴子、雀鸟及绿树翠竹，鲜艳的色彩尽管历经数百年风雨洗礼略显发暗，却增加了壁画的古朴感。这时友人惊讶着：“看！窗棂上有‘洋画’，好漂亮啊！”只见青灰色墙壁的窗棂上嵌着欧式的灰雕，两盆妩媚清雅的黄色兰花，一对形态栩栩如生的白瓷鸳鸯，另一个窗棂上则是两盆清秀典雅的水仙花，还有佛手果，也许是“福寿”之意吧。

我们继续寻找，在经过一户农家时，门口墙体上嵌着精美的灰雕，一棵苍劲的松树下，玫瑰绽放，两只孔雀活灵活现：一只开屏站立，另一只孔雀埋头于松枝间。由于年久失修和人为损坏，许多古迹已因岁月侵蚀变得斑驳陆离，色彩正一点点地脱落、消失。面对失去，面对缺陷，面对自己无法继续的“断想”，我们倍感惋惜。

看着看着，我们来到了上岳村最具有规模、最有代表性的景点——归仁里，村里有上归仁里、中归仁里和下归仁里之分，古代的“里”就是现在的自然村。各里以稳固森严的围墙连成一体，围墙上没有窗户，只有枪眼，观察孔稀疏地点缀其间，成为古村重要的防御屏障。途经高大茂密的古树及清澈见底的古井，又来到“广厚里”。一个小男孩蹲在地上，手里拿着树枝，似在画画。走近一看，他正在临摹着墙壁上的动物。大门牌匾上，嵌着两只梅花鹿在草地上奔跑，两株蜡梅在寒风中绽放。经交谈得知，他叫朱俊杰，在校读初中。我问他：“你的梦想是当画家吗？”他说：“我很喜欢画画，村里大大小小的壁画，我都记得清清楚楚。阿姨，那边还有观音娘娘的像，我带你们去看看吧。”从阿杰口中得知，他妈妈患心脏病在家，无法劳作，姐姐读高中，靠爸爸耕几分地养家，家里的菜是自己种的。阿杰从没走出过村庄，他的梦想是好好读书，走出山村，去画外面的世界，去赚钱孝敬父母……我感触良多，都说穷人家的孩子早当家，一点也不假。在这古村里从小就接受文化和艺术熏陶的孩子，其素质兴许不会差到哪里。在阿杰“导游”的引领下，我来到“厚元里”，在大门牌匾上的两条龙和两只仙鹤旁，画有左手拿着玉净瓶，右手托着玉净瓶底的观音娘娘；还有一位右手拄着龙头拐杖，左手托着仙桃的寿仙，他们一起腾云驾雾，形象惟妙惟肖。

“我以后也要画这种流传百世的画。”阿杰的话，给这满目沧桑的村落赋予了几分新韵。我摸着他的头，真心说道：“观音娘娘会保佑你的。只要你好好学习，梦想就一定会实现的。”

夕阳下，阿杰送我们走出上岳古村。阿杰站在村口挥手说：“阿姨，欢迎你下次来看我的画！”

访龙山上岳古民居杂感

黄素英

再好的东西，都有失去的一天，再深的记忆，也有淡忘的一天，一直以来，我总以为，对上岳古民居或许就是这样的一种情怀。

但是，我发现，我错了，历经纷华世间情的她，沉思往事，那些年华，如流水，尽管不再来，但她端坐在佛冈的南端，依在红尘深处，我再寻来的时候，她依然如此安然如佛，不乱于心，不困于情，不念过往，不究古今地笑着迎着我们的到来。

而我，就像做了很长的一个梦，一梦多年。

再见那一池荷花，被翻红浪，亭亭玉立，王昌龄《采莲曲》中的“荷叶罗裙一色裁，芙蓉向脸两边开”说的就是此情此景吧？同来的浅浅和虹伶也情不自禁地朗诵起著名的《爱莲说》：“予独爱莲之出淤泥而不染，濯清涟而不妖，中通外直，不蔓不枝，香远益清，亭亭净植，可远观而不可亵玩焉。”河面荷花微笑颔首，也似乎在打着招呼。穿过花海，径直往南走，进入写有“归仁里”三字的民居里弄，笔直的巷道，青石板铺成的路面，诉说着超过720年的历史故事。

村口一老人，介绍说村庄很早很早就有了。

可是，这里到底埋藏了多少故事？我很是好奇，很是渴望了解。同来的行家笑笑说，这个古村落，始建于南宋，盛于明清。整个村庄依山而建，环水而设。上岳村主要有十八里（五家为一邻，五邻为一里），其中相连在一起的上归仁里、中归仁里、下归仁里是保存最为完好的古建筑群，一个里有一个门楼，门楼的门匾乍看没什么特别，细看就令人啧啧称奇和不解了。仔细一看，分辨后，我也发现首个字是“归”，第三个

“归”字分别少了一横、一撇。有老百姓说，首个“归”字是完整的，是因为住着屋主的大房妻子，第三个“归”字少了笔画，是二房和三房的，要让着大房，尊卑有序嘛！这种说法自然无从考证。但是，三个“归仁里”依然像最美丽的表情，烙在每一个匆匆而来的游客心里，而在我心中，她或许就是传说中古代巷子里最美的一朵花，在古建筑群里，绽放幽香。

据官方网站介绍，三个归仁里约建于乾隆年间，由于建造时间不一，古人于是想出这个法子来区分。但是如何区别哪个是建造的真正时间，现在的人却众说纷纭。只见村中各里，房屋清一色都是青砖黛瓦，雕梁画栋，抬头之间，“镬耳楼”高低错落，气势恢宏。

此次，我们还特意来到上次没到过的下归仁里的四美楼，人们亦称之为“银庄”，据说是村里最坚固的建筑。来到银庄果然见到外墙特别厚实，若是遇到战乱或盗匪，大门一关，谁也奈何不了。沿堂屋踩上那已经有些腐朽咿呀叫的木梯子，我颤巍巍、心惊胆跳地上到二楼，只见墙上正面、侧面各两个方孔，通过方孔能环视全村，既是观察敌情的瞭望口、防御外袭的射击口，又能通风透气。

回到里弄，我们看着那些已经被风吹散，落在街沟、路旁的碎瓦，很是好奇。浅浅笑着说，这些应该也是古董吧，能不能带走一片啊。当然不能，呵呵！同来的行家很严肃地说。

每每来到这里——上岳古民居，我总是渴望探究多一点，哪怕是一些枝节，可是总是思想走得太远，难以触摸到她背后的多愁善感。今天的她，就如坐在巷道青石板上的那个高龄老妇，或许曾经也有倾国倾城的明媚，只是，只是，时光好不经用。

难道，就如他们说的，有的风景只是注定惊艳时光，而不是温柔岁月？但是，也突然想起《爱情公寓》里有句台词，旅途一起走过，也不负一生。

今天我们在旅途里，与你——上岳古民居，一起走过，也必定不负一生。

访民安古民居[①]

钟振灵

不知何时起，喜欢静静地看一些建筑，尤其是一些古意盎然的旧民居。

① 原载《佛冈报》2005年8月16日。

今年年初，强说看到《佛冈报》《清远日报》上登载，说民安有明清时期遗留下来的古民居，典雅独特，颇值一观。于是不畏严寒，与强驾摩托车前往。寒风如刀，夹着冰雨，刮得手、脸、脖子通红。但一路诗话，倒也不觉路途遥远。

到了民安，雨亦渐止。问明了方向，径往目的地上岳村而去。沿途遍种砂糖橘，雨后叶子新绿，招人欣喜。转入了一条小路，远远见一片出山墙居高凌于一方古屋之上，线条圆滑优美，如几十只双峰骆驼队列成阵，借用作家三毛的一个比喻就是，像女子的胴体横陈于撒哈拉的暮色之中，有说不尽的沧桑之美。仿佛间我又觉得，它们竟是古老岁月的一列列墓碑，在寒风中伫立。“驼峰”之间有脊梁相连，角尖上翘，轻盈如鸟，恰与出山墙相映而相得益彰。佛冈多山，眼望村子，每一处都像是镶于远山之上的一幅画，而这一片古屋恰是这意境深邃的画中最灵动的一笔。

慢慢走近，遇见一位老人蹒跚而行，乃上前询问这古屋的“年龄”，岂知老人答非所问，只道 :“这屋叫‘镬耳楼’。”想起大学课堂上老师曾提过这个名字，不禁由衷赞叹，果然楼美名亦贴切佳绝！我们也不再扰老人清静，道了谢，继续走向古屋。迎面见一座祠堂。我们常说“雕梁画栋”，殊不知这些民间艺术往往见于人们追思先人的祠堂。进了祠堂，见堂内只点了几炷香，地上零落了些爆竹纸，显然并不热闹。有诗画书于梁间壁上，颇可玩味。“子兴孙旺皇天保我香火长盛，稻金麦青后土佑吾家园永安……”也不知是何人笔墨，撇开平仄韵律，于烟雾弥漫中倒也意境顿生。横梁间多处镂有图案，我们到处赏玩，往返流连，自娱得不亦乐乎。也许，这也是古居的魅力之一。我正饶有兴味地看着梁柱间的雀画，强催我从祠堂侧门走到民居内。

我一向以为古居远观更佳，如今身临其中却有另一番感悟。静静地行于朴实清幽的碎石窄巷，心水清明间不由想起川端康成的庭院小道。同是碎石铺地，川居开阔蜿蜒，道旁树影婆娑，这里却幽深直通，两旁青墙高筑，很典型的封建文化产物。我们见两边的青砖墙面有脱落，伸手去摸，感觉竟不像想象中的松软，敲一敲，坚硬如铁，仔细看，青砖间竟无砂浆之类黏合剂，已历数百年风雨了，仍屹立不倒，真是叫人不得不叹服古时人们的巧手慧心。身在古居中，俯仰间，这墙仿佛就是唯一了。墙上偶有小得不能用以透光的窗，隐隐透出一股古旧的气息，愈显得这古时民居的肃穆封闭。但正是这陈旧的一切却给人一种宁静，如桃源般与世隔绝的安详，耳畔仿佛传来鸟鸣，强笑我 :“在这寒冷的天气，哪来的鸟叫！”我淡然一笑。

两人继续闲游。这民居通道都只是在房屋实体间开几条窄道，呈四方，直来直往，与北京四合院迥异。忽然想起楼上“镬耳”，旧时人家紧挨，一户失火易殃及邻里，故墙都高出屋顶，称“出山封火墙”，实有防火外延之用，但做得如此雅致优美，实在令人叫绝！又看了山墙间的月梁正脊，有些翘角已损落，但仍难掩飞动之势。民居内只见了几位老人，一问之下方知，此处大多数人都外搬了，突然很想看看夕阳下此处的宁静，一定很美，可惜当时天阴欲雨。

出了古民居，已是黄昏。路上忽然生出一些感慨。想起当年梁思成、林徽因的抱砖而藏，为了记录存留的古建筑而跋涉千山万水，不辞劳苦走访穷乡僻壤，而现今中国的许多古建筑却因大厦高楼而日渐消逝，愈觉这山城中的古民居弥足珍贵。

史录

两岳始祖文焕公传①

〔明〕朱应鹏

始太祖考讳浚，名文焕，字表怀，号漱石，姓朱氏。其先关中人，宋南渡时徙闽。祖讳克昭，读书有气节，宁宗时为御史中丞，正色立朝，以直言忤权贵。被贬岭南，意气自若，即日怡然就道。越年召复原官，公见豺狼当道，解组归田，以诗书课孙自乐。孙二，长文灿，次则我始祖朱文焕也。太祖少聪敏，崭露头角，仰承家训，勤学好古，性耿介，绰有祖风。年二十一登陈文龙榜进士，累官至大理寺评事。时胡元入寇，边事日亟，公以为厉之阶由于奸相贾似道，遂纠集同志表发其奸，请即罢斥以谢天下，不听。德祐二年丙子（1276）三月，元伯颜陷临安，上北狩。公目击国破君亡，痛不欲生。适传张世杰、文天祥、陆秀夫等奉益王航海即位于福州，檄召诸路忠义同辅王室。公投袂奋兴，招募义兵，亲率入卫。旋护驾南来，驻跸于广州，祥兴改元，移驻崖山。公奉诏督师，拒元于北江。会敌陷韶关、破英德顺流直下，公桴鼓鏖战，昼夜不息。无如天不祚宋，贼众兵寡，我师败绩，公死之。子继贤从征，见公失利殉国，负尸乘夜潜奔清远横石里，安葬于土名勒竹坦。

策廷先生事略②

陈肇询

己未春，肇询知佛冈事。下车伊始，道经清远关前圩，闻有策廷先生者，问之故

① 摘录自《两岳朱家族谱》重印本，2013 年。

② 同上。

老，犹能述其敬宗收族、捍卫乡里之逸事。惜于光绪丁酉三月二十四日，以古稀之年考终里第，不获仰瞻丰采。后晤先生哲嗣朱君国平，读其行述，乃叹读书明理之士，能干大事，足辅官府行政之不逮，圣贤所以贵得人也。谨按先生姓朱氏，讳佐权，字翰琼，号策廷，世为清远上岳乡人。曾祖学昌邑庠生，祖芹繁，父桐青。原配李氏，副黎氏，子六人：文锦、文柱、文湛、文燕、文聪、国平。女二，适同邑河洲徐廷弼、龙菀塘郭登潮。好读书，至老不倦，工为文，屡试未售，而志不少挫。清咸丰七年，红巾贼巢润章等揭竿倡乱，勒饷索械。贼到上岳勒缴六百金，阖村彷徨，先生挺身抗拒。越日贼数百黎明困村，前期先生戒备，亲率乡勇，自辰至午，杀贼无算。贼窜，村赖以安。时先生年方弱冠也。同治元年，与族人德赞、兆元等倡建朝瑞祖祠，慨捐巨款。落成款仍不敷，乃与族人倡设百子银会，筹还各欠，而原有公产未动丝毫。乡中每有义举，事无大小，共推先生，先生亦竭智尽能，始终其事，素为众所信服，是非曲直，得先生一言立鲜。为乡祭酒数十年，人无异词，盖服其公也。邑有科第名贤坊，为七世祖朱璧、九世祖朱琳同建，倾颓议修。工甫兴，白米埔朱耀垣等以伊祖进士坊遭兵燹久失，欲与名贤坊合建，族人不允，乃冒争致讼。先生与绅耆联诉上控得直。多筹数千金将坊修复，并大集族人在邑城乡贤祠祭告，远近叹异。平居约束训诫，凡在子孙皆能不越规矩。先生生于道光戊子年（1828）正月十三日，享寿七十。哲嗣国平为滙江保卫团分局长，捍卫桑梓，卓有父风。孙曾蔚起，正未有艾，乃次其事略，俾采访者有考焉。

白牛迳摄影记[①]

两岳朱家族谱编辑室

此影何为而摄哉，两岳绅耆守白牛迳税业，摄之以令后人知界线也。迳内左右山岭，绵亘起伏，曲折回环数十里。山麓下粮田数百亩，自元迄今，管业无异。岁己未，两岳族谱成，众以尝业一门，中载界址租额及树木砍伐主三佃七之例，亦详矣。唯少图画一层，似美未尽善。爰卜壬戌之春，聘摄影工谢剑生来村，绅耆相与同行此迳，遍观形势，定以网形山顶为摄影地点。于是力造其巅，果然山居最高，俯视一切。时也，昂头四望，其正北则大笪、倒流水、高路、生牙冚、枫门洞、西坑、木鱼潭、狮子尾、磨

① 摘录自《两岳朱家族谱》重印本，2013年。

刀坑、大崩冈等处所在也，哪为山场，哪为田地，分明点点，朗若列眉。遂命开镜摄影，是为第一图。继而引领偏西，则见石颈、甲水旺、鹤田洞以迄马射尿、黄竹迳、石龙各处，山场田地，历历在目，更命摄为第二图。若夫第三图所摄者，则迳里偏东诸处也。其中若东坑口、枫木冚，若朱屎迳、二度河，若大小营村，若大小茅田，若小王洞，若香粉洞、迳顶，凡山场也、田地也，或远或近，一一了如指掌。既而举目东瞻，是非所谓东坑洞乎，是非所谓上下格乎，是非所谓大水冚、丹竹坪呼，山若蚕丛，田如鳞次，豁然呈露于眼帘，是可开镜而摄诸。谢生从命。遂摄为第四图。合四图而忝观，全迳界线昭然明矣。是役也，为祖尝国课所关系，破费百金而后成，所愿后人珍之宝之，毋视为山水闲画，不胜盼祷。

二十四炮传奇故事

朱乾泰

抢花炮是上岳村传统习俗，每年正月十七举行这活动。花炮用竹篾扎成，附上铁环，上面缀上各种颜色花边及“公仔”人物，故称“花炮”。花炮上方呈半圆形，下方为长形，高约 3 米，下端有一块 70 毫米 ×100 毫米的小镜屏，镜中镶有神像，写上炮的名称。花炮设有 40 个，分别代表不同的神灵和意义，其中头炮、二炮、二十四炮、尾炮为大炮，其余均为小炮。头炮代表洪圣大王，二炮代表墨水龙，二十四炮代表寿星，尾炮代表紫微大帝。当主持人点燃地墩上的导火索，引爆后铁环射上半空，当铁环跌落时，村民争相拾抢，抢到花炮者获得奖品。随后，全村群众敲锣打鼓迎回花炮，放置村里祠堂供奉，逢农历十五日，村民都前来烧香拜祭，祈求风调雨顺，五谷丰登。

抢花炮的习俗已有300多年，花炮的故事层出不穷，其中二十四炮的故事最为神奇。相传清乾隆年间（1736—1795）的某年，元兴厂（今七页车村）的兄弟俩拾得二十四炮，是年兄弟俩皆喜结良缘，并俱生男丁，六畜兴旺，五谷丰登，事事如意。

有一年，二十四炮被车步村一徐姓村民抢得，当年该村发生牛瘟，村民抬着二十四炮到得病的牛栏门口驱邪，病牛立愈。

又有一年，横围村村民抢得二十四炮，放置村里朴山朱公祠供奉。某夜，一群小孩在祠堂内游戏至深夜，忽见一白须公，鹤发童颜，手拄拐杖，笑容可恭，疾步如风来到孩子们面前，关切地说：“细路仔（小孩），夜深人静，该回家睡觉，明早还要返学（上学）呢。”语毕，如风消逝。孩子们听后便回家睡觉。其故事至今仍流传。

1925 年，秧坎咀村抢得二十四炮，是年上岳村与联乡姓氏发生械斗，联乡人进攻上岳，放火烧毁部分村庄，该村成为一片火海，唯独安放二十四炮的房屋怎么也烧不着。传说联乡一莽汉十分恼火，认为二十四炮在作怪，便把其扔进水塘。回家后，那莽汉一家全得怪病，于是到处求医，吃药方才见好转。后经人指点，猜疑是二十四炮作怪，那莽汉慌忙跑去水塘将二十四炮的炮屏捞起，安放回原处，并烧香烛，叩头跪拜，祈求保佑，其家人方平安病愈。

抗日战争时期，由于二十四炮的传奇故事在当地传开，日军也有所闻，误以为上岳村有二十四门火炮，一发炮弹二十四响。曾有一小队日军路经上岳村旁，唯恐遭受袭击，不敢进村侵扰，慌忙离去。

上岳村二十四炮的传奇故事在当地广泛流传，因此上岳人民把二十四炮奉为神灵。

抗日自卫的回忆 ①

1937 年“七七卢沟桥事变”，抗日烽火席卷全国。1938 年 10 月，日军进犯华南，所到之处烧杀抢掠，出动飞机对广东各地狂轰滥炸。当时仁安乡（包括上岳、下岳、粮头铺 3 个村）上岳的敦厚里、祠堂、榕树脚均遭轰炸，炸死乡民十多人，其中妇女 5 人（孕妇 1 人），日军的暴行激起了乡民无比愤怒，爱国志士、热血青年个个摩拳擦掌，他们痛惜国土沦丧，同胞受难。两岳青年踊跃参加中共湛江地方组织领导的仁安乡抗日自卫大队。1940 年 12 月，日军 300 多人侵犯从化鳌头，自卫大队配合国民革命军 152 师 911 团，在蔗园击退日军。1942 年 5 月和 11 月，自卫大队先后 4 次迎击日军。其中一次有日军 70 多人窜到下岳村，由自卫大队单独击退。

抗战期间，中国共产党团结一切可以团结的抗日爱国力量，发动湛江人民起来抗日，号召有钱出钱、有力出力、有枪出枪，一致抗日，湛江地区组织成立湛江抗日自卫团，仁安乡组织成立抗日自卫大队。当时两岳村有 30 多人参加仁安乡抗日自卫大队，并成立两岳抗日自卫中队。当时大队长是朱锡康，中队长是朱桐生。我 17 岁当了勤务兵，负责警卫。自卫中队的经费来源靠鸦片烟馆和赌档缴纳的税款。当时自卫中队的报酬很低，每人每天只有 4 ~ 5 升米，相当于现在 1.5 千克大米的价值。自卫队员从不计

① 佛冈县史志办公室：《佛冈文史漫话》，韶关典经社印务有限公司，2011 年。

较报酬的多少，一心只为抗日。两岳抗日自卫中队共有机关枪 3 挺，驳壳、七九等长短枪共 20 多支，武器装备在当地抗日组织中是最好的。

仁安乡抗日自卫大队成立以来，独立和联合参加过五次抗日战斗，仗仗打胜。1942 年 5 月，驻扎在源潭的日军向北进犯，我们又与各乡自卫大队联合抗日，在高桥、三块田和斑鸠坑先后与日军进行激战，三次连续打退日军进攻。同年 11 月，驻扎在黄口的日军写信给下岳村，规定时间要我村向他们交纳猪、鸡和粮食，当时村中少数殷实富户主张妥协，以免触怒日军疯狂烧杀。当时毕业于军政大学并任职于广东省抗日救国青年团团长的下岳人朱琼书回家，狠狠批评那些胆小怕事主张妥协的人，提出坚决抗日，他说："烧了房子建楼房，杀死老婆娶'掘唛'（指剪短发时髦年轻貌美的女子）。"表示极大的抗日决心，号召家乡抗日自卫大队抗战到底，并写信给驻源潭的日军，约定日军到时前来取猪、鸡和粮食。果然，日军 70 多人按时窜到竹园、下岳抢猪捉鸡，两岳的抗日自卫中队在大队长、中队长的率领下与日军作战。由于我们熟悉地形，灵活作战，又有群众支援，我们以少于敌军的兵力，打退日军的进犯，迫使他们撤回黄口大本营。这一仗大长了浥江抗日自卫团的威风，浇灭了敌人的气焰，使日军一闻浥江抗日自卫团就胆战心惊。

同月，有 3 个迷路掉队的日本军官被朱允宽和队员朱金满、程卓发现。经过一番搏斗，日本军官一个被击毙，一个逃跑，一个被活捉。被活捉的日本军官不肯跟我们走，我们就合力解他的脚绑，牢牢地捆扎他的手脚。第二天，我们就把俘虏和战利品送到当时设在龙南乡石脚下村的国民党军部，受到军长黄涛的物质奖励，并开大会表扬我们积极抗日，勇敢善战。浥江抗日自卫团英勇杀敌的事迹名扬省内外，人们都议论浥江抗日自卫团的英勇。

我们的抗日自卫大队为什么能打败有洋枪洋炮的日军，朱允宽说，一是因为我们是自卫，得道多助，而日本是侵略，失道寡助；二是我们掌握运用了游击战的战略战术，做到避敌锋芒，以弱制强，扬长避短，日军怕打夜战，我们就用晚上打夜战；三是我们自卫队的作战目的明确，作战充满必胜信心，所以打起仗来都能胜利。

朱志威英勇排雷[①]

2 月 17 日清晨，我边防部队围歼同登守敌十二团的战斗打响了。

6 时 25 分，我前线指挥部一声令下，万炮齐鸣，地动山摇。一发发凝聚着仇恨的炮弹，撕裂长空，一齐射向同登敌阵的 50 多个目标。顷刻间，盘踞在五四九高地的敌炮兵观察所，被我火炮首发命中，两米厚的钢筋水泥墙飞上天空……

在炮火急袭的同时，我左右两支穿插部队，像两把锐利的尖刀，直向十二团防区的侧后插去。担当左翼穿插尖刀连的某团七连，在前进中，突然遇到敌人布下的雷区，部队受阻。先头开路的尖刀七班利用各种器材排雷，由于雷区纵深大，爆破器材不够用。这时，离总攻时间只有三分钟了，后续部队就要从这里通过。时间刻不容缓！时间就是胜利！只听班长志朱志威一声高喊：“同志们，为了祖国，为了胜利，踩过去！”随着这洪亮的呼声，头部负伤的战士罗光华第一个冲进雷区，“轰”的一声，地雷踩响了，罗光华又一次负重伤。跟着冲上去的班长朱志威也负伤倒下。火光闪闪，弹片横飞。望着后面冲上来的部队，战斗小组长吴石林和战士陈庭进深感肩负的责任重大，他俩毫无惧色，迎着硝烟，向着雷区的最后地段，一左一右交替跑步冲刺。这四位勇士凭着对祖国的无比忠诚和大无畏精神，终于按时开辟了道路。

上岳普美小学发展史（节选）

朱宁

“普”为普及、全面，“美”为人生追求之最高境界，普美小学的创办，正是为所有的学子提供一个追求人生最美境界的平台，为学子追求美好生活打下坚实的基础。

上岳村历来十分重视文化教育，明清时期便涌现一大批秀才、贡生、举人等，从跪拜孔子到默念总理遗嘱，从“三字经”“千字文”到“国文”“算术”，上岳村的文化教育一直伴随着时代的发展而前行。

早在 1932 年，上岳村便建立了两间学馆，一是在前村里东边租赁私人房屋办起的象贤初小，校长朱冠英；二是在朝瑞朱公祠办的普美初小，校长朱晓山。后象贤初小和普美初小在鹤咀岭合并为一校，命名“第二保国民学校”，开设国文、算术、古文、英文等课程，朱晓山任校长，从此上岳村就有了一间较规范、完整的小学。抗战期间，为

① 本文节选自广州军区政治部编：《英雄赞》，广西人民出版社，1979 年。题目为编者所加。

躲避日军飞机轰炸，学校曾迁至厚元里拳馆。

随着时代的发展，原来的学校已不能满足教育教学的需求，1943 年经朱佑汉先生提议，朱晓山、朱家行、朱承连、朱庆忠、朱贵新等成立理事会集资筹建学校。当时仍处于抗日战争时期，全国人民都生活在水深火热之中，生活流离失所，温饱都难以解决，要筹资建校谈何容易啊！但当时村民便有着“再穷不能穷教育，再苦不能苦孩子”的想法，理事会成员各司其职，想方设法，多渠道、多方式筹资建校。一是大户捐资，二是献料献地，三是太公祖尝集资，四是演戏筹资。直至 1948 年，位于上岳黄姜岩村地域的普美学校终于落成，学校占地面积为 2500 平方米，方形布局，四合院式，白石灰砌的青砖墙，青白相衬，格外耀眼，天面上盖着整齐划一的黛瓦。学校前面是两层楼（二层是木楼），一楼是办公用房，二楼是教师宿舍。进入校门是一个大天池，天池两边是宽敞明亮的课室，课室有地窗、檐窗、大木窗，室内光线充足，通风透气，天池后面是大礼堂，内有舞台和化妆室，大院四面有连接运动场的四条巷道。新的学校宏伟壮观，据说是参考当时武汉大学的设计图纸建造。学校落成后，“普美学校”的校名由朱佑汉邀请当时民国政府将领陈诚题写。搬至新校址的第一任校长是朱佑洲，学生 200 多人，教师多从外地聘请。新中国成立后，学校改名为上岳小学，1954 年改为民安中心小学，2006 年复名龙山镇上岳普美小学。

50 年代末 60 年代初的“大跃进”时期，学校扩大招生，成立民办分教点，设在上岳大围。上岳族人发扬“艰苦朴素、白手兴家”精神，用集体或私人屋舍做课室，办起 1 ~ 4 年级的分教点，5 年级起再到“普美”读书至小学毕业。约 100 个学生，7 位民办教师（民办教师每月拿国家津贴 12 元，余下的回大队记工分）。60 年代初，处于国民经济困难的时期，但丝毫不影响教师们的工作热情和学生们高涨的学习情绪。朱东莲（民安本土第一位女大学生）、朱日林、朱根尤、朱金玲、朱杰连、朱业生、朱海湖、朱镜燊、朱勉权、朱立多等一大批享誉当今的成功人士，正是这时期在这所学校读书深造的，创造他们的人生价值，离不开这所曾经培养教育过他们的启蒙母校。

改革开放初期，学校对教育体制和学制进行改革，办学权下放地方，小学附设初中班，九年制改为七年制（小学五年，初中两年），80 年代又恢复九年制。这个时期学校设 20 多个教学班，教师 50 多人（其中民办教师占 1/3）。

“百舸争游齐奋发，病树前头万木春”。90 年代，迎来了全国教育的春天，普美小学的教育教学工作，如风雨过后见彩虹，呈现一派生机勃勃、春意盎然、繁花似锦的喜人景象。

在党的关怀、上级有关部门的正确领导、地方政府的大力支持和广大人民群众以及全校师生的共同努力下，一幢幢多层楼房拔地而起，彻底代替了昔日的砖木建筑，校道、走廊水泥硬底化，显得洁净而恬适。学校的软件和硬件建设，都上了档次，跨上崭新的台阶。教师的教学业绩（含师德、师风、所教学科成绩），学生的学科成绩，在镇内几乎年年得第一。2000 年学校被评为县一级学校。

告别 20 世纪，进入 21 世纪，普美小学各方面的发展更上一层楼，2005 年 9 月清水迳、从化围小学合并到普美小学统一管理，2006 年通过市办学水平认定学校。是年，为扩建学校校舍，征用村民土地 1000 平方米，拆除旧学堂，建设小广场，重建新校门。工程完成后，校园占地面积为 15434 平方米，校舍建筑面积 5880 平方米。建有多媒体电教室、45 台计算机的计算机室、软件制作室、阅览图书室、电子阅览室、音乐舞蹈室、美术室、体育室、自然实验室、卫生室。常规教学仪器按新课程实验要求配备，学校藏书 18348 册。学校体育设施越加齐备，有 200 米环形跑道运动场 1 个，标准篮球场 1 个，乒乓球台 8 张，有适合低年级学生游乐的场地 150 平方米。室场的设施设备基本满足教学需要。学校有 17 个教学班，教职工 28 人，学生 658 人。

办校多年来，学校坚持“抓实基础，发展特长”的办学特色，以“尊师爱生，严教实学”为校风。教师在“奉献、敬业、务实、创新”的教风中推进素质教育，硕果累累。近年来，学校先后获得县先进家长学校、县校园广场文化活动先进单位、县文明单位、县文明校园等荣誉称号。更有多人次在县、镇教师基本功比赛中获三等奖，并先后有十多位教师分别获优秀校长、县优秀教师、优秀班主任、县优秀辅导员等。

今后普美学校将抓住机遇，内强素质，外树形象，为振兴普美老校再展宏图，为深化素质教育再谱新篇章，以过硬的教学质量和鲜明的办学特色，努力成为佛冈农村教育的一所窗口学校。

特写

广州街头的个体户[①]

朱日林

早闻广州市海珠区跃龙街的个体户搞得很活跃。初夏的一天，我们披着朝阳前往访问。果真是别有一番天地，几百个多样行业的个体点档赫然现于眼前：小五金，日杂百货，玻璃镜画，成衣，粥粉饮食……名不虚传。

重要的是“信誉”

恭坚日杂品店位于海珠桥脚。五六平方米的店里，几十种日常用品摆设得井井有条，顾客人来人往，店前左右却干净如洗。店主赵恭坚今年 21 岁，1979 年学校毕业，1980 年秋领牌办起这间日杂品店。小赵现是跃龙街个体劳动者协会主任、团支部书记。

我问小赵，办店以来最深刻体会什么？他脱口而出：“讲信誉。我们做生意必须处处替顾客着想，要理解顾客的心情。”这时，一位中年妇女拿着几盒蚊香走到店前，取出其中一盒烧过的蚊香递给小赵，说：“这是上星期买的，不知怎的，点燃后，烧不久就自然熄灭了。”小赵接过蚊香细看，是受了潮。他抱歉地说：“大姐，真对不起，换一盒吧。”说着，从货架上拿出刚从厂里运来的蚊香，交给中年妇女。

我想起了区团委的同志介绍的另一件事：去年春的一个晚上，来自福建省的一位汽车司机到恭坚日杂品店买了 50 包卫生纸，当他回到家里检查时，才发现只有 40 包。怎么会少了 10 包呢？司机清楚地记得：当时顾客比较多，小赵忙不过来，是自己取货点数的，离店后一直没动过。司机只怪自己太粗心了。一个月后，司机又因公出差到广州，住在小店附近的旅馆里。一天傍晚，司机找到小赵，试探性地把少了 10 包卫生纸的事告诉了小赵。小赵分析了当时的情景，爽快地说：“真对不起，给你补回吧。”司机接过 10 包卫生纸，连声道谢，赞誉恭坚日杂品店是“信得过”的文明商店。

“街霸”成了好理事

跃龙街过去有五金街之称，经营小五金的个体户有几十档。其中领牌最早、最受人欢迎的是崔耀祥。

过去的崔耀祥是个被街坊称为“街霸”的野马。偷扒结伙聚众打群架，无所不为，还两次偷渡到香港被抓回。1975 年他被公安部门抓去强劳三年，1979 年 2 月回

---

① 原载上海市《青年一代》杂志 1984 年第 4 期。

到跃龙街。

不久，街道安排他做临时工，1980 年春，又支持他领牌办个体点档，经营他有浓厚兴趣的机械维修和小五金业。一颗僵冷的心复苏了，崔耀祥从迷惘中看到了希望。摆摊伊始，他到废品站收购铁片，再加工成各种螺丝和水喉配件。可是，一个月过去了，营业额不到 20 元。正在他犹豫动摇时，街道领导鼓励他，叫他不要待客上门，要走出去。真是一语惊醒梦中人。小崔到广州的大街小巷一连跑了好几天。他发现，随着特区的经济发展，近年来广州等地的建筑业特别兴旺，而建筑上适用的钢缆、水泵、滑轮车、阀门及水管配件等很缺。他到废品店购回几个旧阀门，再加工翻新。一摆出去，不到一小时就被顾客购买了。路子走对啦！崔耀祥更来劲了，开始成批加工水泵、钢缆、滑轮车、阀门和水管配件。购货的顾客不断增加，广西、湖南等地有些单位，在深圳市投资建筑业的港商，都找上门来。几年间，他从几十元货底发展到目前的近两万元，品种发展到 80 多个，营业额从原来的每月十多元发展到现在的四五千元。

崔耀祥成了新闻人物。去年，广州市召开个体户代表会议时，大家一致推选小崔为市个体劳动者协会理事，省委第一书记任仲夷同志接见了他。崔耀祥扪心自问：我能有今天，离不开街道的帮助，我应该做个名副其实的理事——凡对人民有利的事都热心去办。过去，只要身上有几个钱，小崔便邀上他的“老朋友”到茶楼喝个痛快，现在他手持万字头的积累，却很少上茶楼，他的心思已完全转到了另一方面：

——他扶持和帮助街里的待业青年办起十多个小五金摊档。

——他免费为孤寡老人、独生子女户安装和修理水泵。

——街道要种花美化环境，他自费租了一辆大卡车，到市郊运回满满一车花泥送给街道。

现在，在跃龙街一提起崔耀祥，人们便跷起拇指啧啧称赞：“好理事，好理事！”

镜面高悬承祖业

在跃龙街双桂坊 7 号门，有家赫赫有名的“雄和玻璃镜画店”。

创办者陈伟雄 1975 年中学毕业后一直做临时工。小陈的祖父和父亲都曾经营玻璃镜画点档。前年，他的父亲建议他领牌继承祖业，陈伟雄乐意地接受了。

在父亲指点下，伟雄很快掌握了印画、手画、磨砂等技术。镜画很快摆上铺面出售，很受顾客欢迎。

一天，有几个顾客要求几面蚀面镜。这可把小陈难住了。制作蚀面镜，花工多，技术性强，既要耐心，又要细心，小陈没有尝试过。他只好回绝了顾客的请求。可是，顾客失望的表情却深深地印在小陈的脑海里，使他负疚和惭愧。他想：我难道只能继承，不能发展吗？他决心试制蚀面镜。经人介绍，他主动上门请教经验丰富的老师傅，边学习，边在实践中探索。第一次试制失败了，一面完好的玻璃镜在氢氟酸侵蚀下顷刻成了废品，他不气，又来第二次，第三次……连续试制了十多次，终于成功了。当第一面蚀面镜摆上铺面时，不过一天就被购去了。

个体户制出有质量的蚀面镜，这消息一下子传开了。深圳市投资兴建宾馆的一位港商，指定宾馆房间全部用陈伟雄制作的玻璃镜画。小陈从制作到安装全部包了下来，完工之日，港商检查时连声称赞："有水平！"

◉ 杂记

上岳村生产生活内容丰富，其中有些属于传说故事，有些属于某一历史时段的实际情况，都归入"杂记"记述，以保留和反映上岳村民的愿望和民情。

仙牛脚迹的传说 上岳古村有许多美丽的传说，其中就有一个仙牛脚迹的故事。仙牛脚迹是一处形状酷似牛的左前蹄印的水氹，位于上岳村东约1千米的石仔岭小山旁。

仙牛脚迹（2016年） 朱福明 摄

相传在很久很久以前，上岳古村流行着一种皮肤病，患者全身瘙痒，用遍各种药物都解决不了问题。一日，一位村夫上山采药，他扛着锄头一边挠痒一边进山，走到离村子东面约1千米石仔岭的山脚下，突然看见一位长者骑着一头白色的壮牛在山边慢慢地走着。见长者童颜鹤发，一身道骨仙风，于是追上前去。想不到白牛和长者在山边的一棵大龙眼树下一闪就不见了，四处寻找却渺无踪迹。再留神细看，他发现地面的石头上突然多出了一个长约1米，宽约60厘米，深20厘米的小

仙人床（2016 年） 钟榕斌 摄

坑，形状如牛的脚印。脚印里渗出一股泉水，村夫尝了尝，此泉水口感温润，竟含一抹清香。此事传开，周边的村民纷纷前来饮用，却取之不尽。后来，有个顽皮的孩子趁人不注意，跳下去泡了一回澡，没想到第二天，他身上的皮肤病奇迹般地痊愈了。于是，全村的人都在此取水洗澡，在几天的时间内，所有人的皮肤病全好了。后来村民将此牛脚印称为“仙牛脚迹”。

如今，牛脚印依然深深地印在那块石头上，历经了多少岁月，牛脚印上还有水迹。

仙人床的传说 上岳古村西北面的南便冚有一块大石，长约 3 米，宽近 1.5 米，厚 40 厘米，色蜡黄，质坚实。相传在古代某日，秋高气爽，晴空万里，有一仙人骑仙鹤经此。时近中午，他见山中有黄光熠熠，即驾仙鹤飞临发光之处，见一宽平大石，于是停鹤坐于石上休息，舒适非常，不知不觉睡着了。仙人托梦给岳山主，说若有凡人坐得此石，精神立爽，小病可除，仕途畅顺。消息传开，很快吸引附近百姓前往坐石，热闹非凡。久而久之，此石被称为“仙人床”。

一日，顺德武将马公子到上岳游览，听闻此事，便想得到此床，掏出五十锭银两购买此床，雇请几十人去扛抬，但扛不动。马公子不服，再出多一倍的银两，增多一倍的人去扛抬，几经周折才扛至冚口，便再无力气将其搬动。于是，马公子叹息道：“仙石只是为当地百姓所用，完全可以看出南便冚的山间灵气也。”后来，上岳朱氏族人想方设法将仙人石抬回村中安置，供世人赏用。

镠鼓石的传说 镠鼓石位于上岳古村西面约 2 千米的岳山山腰上，由两块大岩石

锣鼓石（2008 年） 宋抗壹 摄

锣鼓石全景（2008 年） 宋抗壹 摄

组成。一石形似大铜锣，高约 1 米，石顶扁平，称为“锣石”；一石形似大鼓，可环坐七八人，称为“鼓石”。据当地人传说，锣鼓石有预兆之功，先由鼓石鸣响，后由锣石和鸣，听起来像敲锣打鼓警示世人。相传清末年间，清远乱匪多次纠合数百余众企图洗劫上岳朱姓人，终因锣鼓石鸣响警示，得以及早准备屡破乱匪，确保上岳朱姓太平。后来，乱匪派出探子打听后得知原因，大为恼火。于是重金聘请法师，雇上一群石匠，带上铁锤石凿，偷偷在鼓石上凿出 6 个眼（洞），从此鼓石不再鸣，锣石不再响。有士子作诗曰：“天生锣鼓岳山巅，两石看来像俨然。世乱相传鸣预兆，谁家曾听响何年。”

虾仔床的传说 在上岳村委往西 2 千米的岳山顶偏西约 200 米处的山脊上，有一块形状像婴儿床的巨石，据说此石在祖辈迁居到该地的时候已经存在了，人们称之为“虾仔床”（“虾仔”是广东方言，即“婴儿”的意思）。该石除了形状像虾仔床外，在当地还流传一段传说。相传在很久以前，有一户人家六个月大的男婴得病严重，父母带着男婴四处求医，到处求神拜佛，但都无济于事，婴儿怎么也好不起来。

婴儿有病，自然会哭啼不止，而且气息日渐微弱。这一天，男婴又哭了，而且哭到晕过去，年轻的父母以为自己的孩子就这样夭折了。

按照当地习俗，婴儿死了须连夜用畚箕挑到山上埋葬，这样才能轮回投胎到好人家。于是，这名男婴被他父亲挑到岳山东面山上，那时岳山树木茂密，布满荆棘。那晚月光如雪，男婴父亲挑着儿子的“遗体”披荆斩棘，到半山腰正准备找个地方埋葬男婴。抬头一望，看见山顶偏东方的山脊上放出一道耀眼的光芒直冲云天，于是他挑着婴儿继续往上走，直走到发出光芒的地方，发现一块长约 1 米，宽约 0.7 米，高约 0.6 米

虾仔床（2016 年）　　朱福明　摄

的大石，大石四周 10 米内没有任何树木、杂草，此石发出的光芒其实是反射天上照下来的月光。父亲细看大石，发现该石中间呈凹状，仿佛是一个婴儿的摇篮，于是把自己的孩子放在凹下去的位置，并对孩子说："虾仔，也是上天怜悯你啊，赏赐你一张虾仔床，你就好好轮回投胎去吧。"说完他就含泪转身下山。

不料没走多远，忽然听见山上传来一阵婴儿的哭声。他大吃一惊，赶紧跑上山扑到巨石旁，奇迹发生了——自己的孩子竟然"复活"了。他抱起孩子赶紧下山，回到家里悉心照顾。不久，原来面黄肌瘦、奄奄一息的孩子起死回生，不治而愈，脸色红润、活泼可爱。村民们听说后，每当自己的孩子身体不适，便把孩子抱到该石放至凹处躺下，祈求孩子恢复健康。后来这块大石被人们称为"虾仔床"。传说归传说，是否真的灵验不得而知，但被称为虾仔床的大石至今仍在岳山上。

灾荒平粜　两岳地势低洼，遭遇水灾时常被洪水淹没田园、冲毁房屋。从元末明初朱氏先祖建上岳村起至民国期间，每发生水灾，村民往往陷于饥寒交迫的境地，无力自救。两岳族老、绅耆为救济族人，在灾后均以祖尝、堂口或个人名义捐银、捐谷米以低价卖给村民，谓之"灾荒平粜"。

清光绪二十九年（1903），入秋大旱，田禾半枯，米价飞涨，每石米价升至 2.5 ~ 3 两银不等。上、下岳祖尝、绅耆捐银买谷，按每人每日发米 1 ~ 2 升，从三月初一起至五月初十止，每家发米以簿记录。另以高价买入、低价平粜给村民，差价用捐银补偿，使族人得以度过荒年。

清光绪三十四年（1908），水灾在五月青黄不接之际发生，两岳田禾均遭淹没，谷米昂贵。两岳将仁安分局下发的赈灾银 47 两 5 钱下发给灾民，再用祖尝赈粥。

1915 年，发生广东全省性的水灾，史称“乙卯水灾”。上、下岳绅耆除捐银买入谷米下派给灾民外，仍以高价买入、低价平粜给村民度荒。

赈粥济民 上岳村赈粥济民善举，始于 1916 年，直至民国末期，坚持 30 年之久。据《上岳朱家族谱》记载：1919 年农历四月，因田禾水浸失收，导致米价昂贵，族人难以糊口充饥。上岳族老及绅耆酌议，自四月中旬至六月上旬用祖尝款赈粥。还有以个人家庭或堂号拨钱粮赈粥，如下岳朱叔平叔侄以个人名义为村民赈粥 5 天，济美堂赈粥 10 天，福三兄弟派米 3 天，永盛堂派米 2 天。因赈粥当年为农历丙辰年，故此次赈粥称为“丙辰赈粥”，族人得此赈恤，得以度过饥荒。此例在当年一开，每逢灾荒之年都举行。太公祖尝赈粥，村民叫济饥粥。每逢灾荒之年到青黄不接时，各有经济实力的太公祖尝的管账人员（又叫“理事”），都筹划安排人员熬粥，每天黄昏时刻用大木桶盛装着分放到太公祠堂门口，让村民取食，一天吃一餐。粥熬得稠，可以插稳筷子，充饥果腹不成问题。届时无粮断炊的村民，都带上简易桌凳、农家菜、碗筷餐具，到祠堂门前地坪上，雨天改在祠堂内，摆好桌凳吃起粥来。村民边吃边聊，相邻桌的村民也彼此交换品尝自制的农家菜。虽然是饥荒时期，村民之间都十分和谐融洽。上岳古村赈粥济民的善举一直延续至民国末年。新中国成立后，由人民政府组织赈灾，帮助灾民战胜困难，上岳村赈粥济民活动自然终止。

牛车提水抗旱 清代以前，上岳村每遇旱灾时，村民用人力戽水、担水等方法抗旱，劳动强度大，收效甚微。清宣统二年（1910）遭遇大旱，虽然上岳村男女老少投入抗旱，经抢救存活的的禾稻很少。民国初期，上岳秧坎咀村族人发明牛车提水抗旱的办法。牛车提水抗旱是制造一个直径约 1.5 米的圆形磨盘，分为两层，上层磨盘沿直径加一根全长 3 ~ 4 米长的横杠，两边各伸出磨盘一米多，各由一条大水牛拉动磨盘转动。磨盘轴心转动带动特制木槽内的 50 多片车页周而复始转动，把低水位的水提到 3 米高处的灌溉渠道。抗旱时换人换牛，磨盘日夜不停运转，直到抗旱结束。

上岳村的这种抗旱办法，不但减轻了村民的劳动强度，而且提高抗旱功效，被称为“牛车提水抗旱”。在民国期间遭遇的几次旱灾，都采用了牛车提水抗旱，使严重受旱稻田得到灌溉。1943 年大旱，上岳村严重受旱的水稻面积有 300 多亩，用牛车提水加上人力担水等办法，救活禾苗面积 100 多亩。上岳村牛车提水抗旱一直沿用至民国末期，才改用脚踏龙骨水车抗旱。

附：灾害实录

上岳村丰富的水资源为农业生产提供了有利的条件，若遇到久雨不停的情况，也会造成灾害。上岳村有自北向南流过的湛江支流岳溪（民安河），村南面河两岸是开阔平坦的农田，如果遇到久雨不停，河水上涨漫出河堤则会淹没农田，造成水灾。如果遇到久旱无雨，也会造成旱灾。据《两岳朱家族谱》记载，1949 年前上岳曾多次受到水淹，也偶遇干旱。遭受灾害期间，有太公、绅耆组织赈粥、平粜，维系村人的基本生计。

清光绪三年（1877）农历四月初，雨水连绵，北江水暴涨，加上湛三乡雨水过多，江水涌阻，大片禾稻被浸。两岳村庄被淹，低处水浸约 2 米，高处水浸约 1 米，倒塌民房数十间。同月二十八日，再下大雨，北江水位比月初大雨时更为涨涌，禾稻尽没，两岳被浸，倒塌房屋 380 多间，塌屋压死 2 人。至五月六日洪水才开始消退。“是年田禾失收，民多菜色。”岁末太公每人派米 3 升，两广总督刘坤、广东巡抚张兆栋率僚属到两岳村赈灾。因此次水灾发生于丁丑年，故称“丁丑水灾”。

清光绪二十九年（1903）农历三月，“因客岁春夏雨阳失时，入秋大旱。田禾半枯”。当年米价飞涨，人心惶惶，朝不保夕。上岳族人公议，由太公开仓平粜接济村民，以度荒年。

清光绪三十四年（1908）农历五月中旬，连日阴雨，东江、西江、北江三江水涨，淹没乡村，冲决基围。“村前一带，尽成泽国，俄而水入村中，各户住屋，俱被水浸，低者水浸六尺……倒塌房屋 85 间。”此次水灾，恰逢青黄不接之时，族人度日艰难。族中父老商议，从五月二十八日至六月十四日，由太公赈粥，以活族人。

清宣统元年（1909）农历三月十五日至十九日，连日滂沱大雨，河水陡涨，山洪暴发，冲决基坝，四处皆成泽国，田禾被淹。“沙压土田，房屋倒塌，满目哀鸿。”此次水灾，上岳被冲决的基坝共有 4 处。

清宣统二年（1910）农历四月大旱，“自三月朔不雨，河水干下，各乡高岗，每多播种不下，米价飞涨，我两岳农人，相率签钱延道求雨”。

1915 年 5 月 23 日至 26 日，连日大雨，山洪暴发，河水狂涌，上岳村、下岳村被浸，村民避走山冈。5月28日至29日雨水更大，日夜均闻塌屋声。至6月2日，水始渐退。这次水灾，上岳、下岳塌屋共838间。湛江一带塌屋1万多间，田禾近7000亩失收，灾民4万多人。因此次水灾发生于乙卯年间，为全省性灾害，史称“乙卯水灾”。

新中国成立后，上岳村也遭遇多次严重的自然灾害。

2008年冬，天降雨雪，气温急剧下降，整个粤北出现50年一遇的雪灾。上岳村民的砂糖橘一夜之间几乎全部被冻坏，短短几日，果子掉得满地都是，只有极少数种在山谷低洼处的果树受灾程度稍轻。据村民反映，此次受灾，上岳的砂糖橘至少损失80%，有的种植大户损失近50万元。

2013年8月14日至18日，受强台风“尤特”影响，佛冈县出现大暴雨，而此期间在上岳村域刮过的“龙卷风”给上岳古民居带来了重大损失。据目击者描述，8月16日午后，天色昏暗，风力逐渐加大，后来一阵呼啸声由西北方向自远而近，狂风夹着呼啸声从村西往东一卷而过。与此同时，只见村中垃圾杂物被风卷上半空，村中20多间民居屋檐、瓦块被掀得乱七八糟，山坡上的树木东倒西歪，有的甚至连根拔起。村中的镬耳楼也被吹毁了不少镬耳（由于上岳古民居中镬耳楼的镬耳高出屋脊1米多，更易受风被毁）。据统计，此次龙卷风，除摧毁了村中朴山朱公祠3个镬耳外，还摧毁了村中其余各处镬耳楼的20多个镬耳。风灾过后，由县政府组织修复。

名人与名村

上岳村历史悠久，地灵人杰，人才辈出。从宋末两岳始祖朱文焕算起（只算上岳族系），上岳村取得庠生（秀才）以上功名的有160多人，其中进士5人（朱文焕、朱仁凤、朱子英、朱朴山、乡武进士朱大钧），举人3人（朱璧、朱琳、朱大钧），贡生、国学生共40人，庠生（秀才）110多人。

民国期间，上岳朱佑汉热心家乡教育事业和乡村建设，倡议兴建普美学校，朱庆忠、朱锡康等不少村民或资助或参加抗日事业。

新中国成立后，上岳村籍人（包括因婚嫁入籍的妇女）中，有硕士、博士十多人；师厅级干部1人；团处级干部14人；科级行政干部30多人；中级技术职称以上60多人，其中高级技术职称十多人；大学本科毕业的有160多人。

◉ 人物传略

上岳始祖朱璧像

李阳光　摄

朱璧（1369—1439）　字朝瑞，号含璋，为两岳始祖朱文焕的第七代孙，又称上岳第七世，被尊为上岳始祖。明洪武初庠生，洪武二十年（1387）选为贡生。洪武二十四年（1391）进入太学。建文元年（1399）应南京乡试得中己卯科举人，授兵部主事、补工部主政，后任福建兴化府判，署理莆田县政事，志向端正，品德纯洁，有贤吏风格。被派往福建分试考场主考，秉公执法，所取录的都是品学兼优的人士。辞官归里后，以孝亲善友闻名于乡，事母至孝。《两岳朱家族谱》记载，他在母亲去世后十分悲伤，“泣血三年，未尝见齿”。与弟朱莹及诸侄在上岳村共同生活，相亲相爱，40年如一日，时人称为“义门”。《广东通志》《清远县志》都收录了朱璧的事迹。

上岳村宣传栏的朱璧简介（2016 年）　　李阳光　摄

朱琳（1429—1505）　字文玉，号象山，为朱璧之孙，上岳第九世。25 岁时由庠生应省乡试中明景泰四年（1453）癸酉科举人，任福建漳州府龙溪县知县。在任时廉明忠爱，加意恤民，遇自然灾害时出谷赈济，援救灾民。届满离职赴京时，通邑士人不忍别离，由彰州府教授曾左等官员率其弟子共千余人，在城郊搭建帐篷为其饯行。后因患病辞官归乡，仍以孝友为怀，赈急济贫，扶助族人。当时有一乡人黄清，年甫 5 岁时父母相继去世，朱琳资助其办完丧事。黄清长大成人，又资助其完婚。每逢灾荒年，即捐银捐谷接济灾民，乡中称其为“笃行君子”。终后，两广总督林富嘉其循良之绩、孝友之行、赈恤之义，于嘉靖七年（1528）上奏朝廷下旨，为朱璧、朱琳祖孙在上岳建乡贤祠（其中朱璧祠为乡贤朝瑞朱公祠、朱琳祠为乡贤象山朱公祠），并在清远县城南门大街中道建造旌表祖孙二人的科第名贤坊。另在清远县城西街为朱琳建造青云坊，附近民居处因之改名为青云里。《广东通志》和《清远县志》有关于祖孙乡贤的记述。明正德五年（1510），赐进士第承德郎户部清吏司主事（清远人）何俊为其撰墓志铭。

朱应遴（1614—1647）　字日良，号鉴林，上岳十四世。少年时考取庠生，后为高等补廪生。平生慎言语，重义节，知无不言，行无不力。其弟朱应选出仕后，常致书勉励其心存君国，名留青史。明万历十四年（1586），清将李成栋平粤。清顺治四年（1647），清兵围攻清远县城，朱应遴当时在县城居住，与朱学熙率领的两岳忠义军合力配合邑城守将白常灿、陈邦彦守城。十月清兵攻破县城时，守将白常灿、陈邦彦均战死，朱学熙自尽，朱应遴子朱裘伯在巷战中战死，朱应遴夫妇回归县城家中关门殉节。

唯一的孙子朱汝灏年方 10 岁，由家中老婢潘氏带着藏起，得以保存性命，待事态平复后才寻归上岳认祖归宗，使朱应遴绵延世嗣。朱汝灏又名朱瀚生，后为上岳横围开基祖。清乾隆年间（1736—1795）朴山朱公祠建成后，朱氏族人在宗祠正厅右侧立有“潘氏恩人”神位，供历代族人薰香祭拜。《清远县志》有关于朱应遴的记述。

朱沛生（1630—1713） 字汝汉，号逸宾，上岳十六世。少年过继为朱应选孙，得祖母舒孺人教诲，机警豪爽，果敢有为。成年后正直热心，常常为人排解纠纷，称为乡邑侠士。当时吉河乡有流寇扰民，平南王尚可喜提兵征剿。到上岳村前，朱沛生谒见并相助献策，甚得尚可喜信任，与其握手聚谈。当时文武弁员排列两旁，只有尚可喜与朱沛生在席上畅饮谈笑，众人尽皆惊诧，礼敬有加。朱沛生言必信、行必果，甚得族人信任。晚年被清廷赐为八品寿官，当地官府赠其牌匾两方，分别书“洛阳耆英”及“媲美鸿光”，以彰其行。朱氏裔孙朱文燎撰写《侠士朱沛生传》，收录在《两岳朱家族谱 · 列传》内。

朱镇旻（1735—1798） 字美繁，号孚堂，上岳十九世。国学生，赠武略骑尉，为朱朴山的第二子。朱镇旻刚毅慈仁，敦行好友，年近五十方与弟分居，晚年与弟侄辈同建朴山朱公祠和四美楼。清乾隆六十年（1795）朱镇旻六十大寿时，由赐进士出身、奉政大夫贵州学政冯成修和刑部山西清吏郎中郭仪长等为其作荣寿序。

朱创耀（1812—1888） 字土昕，号日初，上岳二十一世。为国子监生，由军功六品加直隶州分州授儒林郎，赏戴蓝翎，转直隶州州同。能文武，通经史。清咸丰四年（1854）流寇作乱，四处劫掠，朱创耀应清远县令之檄，与族人朱德赞等组织团练平乱。清远县城被流寇攻占后，又激励乡勇，数月后夺回县城。此后数年均坚持守城护邑，并于关前圩退敌。咸丰八年（1858），流寇伺机报复，纠集数百人踞关前圩，准备围攻上岳村。朱创耀到花县请兵救援未果，又恳请清远粮道吴昌寿发兵解围，自己率乡勇会同退敌。后流寇败走窜入佛冈厅，乡邑得保平安。光绪十年（1884），廪生黄应元（乡人）撰有《候选直隶州州同献修朱公事略》，收录在《两岳朱家族谱 · 列传》内。

朱德赞（1815—1890） 字成参，号襄臣，上岳二十三世。清道光年间（1821—1850）由佾生进邑庠，考补增生，加布政司经历即补儒学，赏蓝翎顶戴。赋性淳厚，工诗文，通百家。咸丰年间（1851—1861），会同乡绅设联安局，捐资训练团练，以保乡邑，由清远县令提请他任联安局长。咸丰六年（1856），有流寇劫掠乡村，占据关前圩，他往花县请兵，会同乡团与流寇击战，流寇败退四九村（今佛冈县汤塘镇四九村），乡邑得以平安。先后倡修上岳乡贤朝瑞公祠和朴山朱公祠。光绪十四年（1888），把滘属分为十八局，仍推他为局正，就任后制定乡规民约，着重教化。办局30多年，公平正直，力保滘属平安。光绪六年（1880）重修《清远县志》时，采访员朱晴严（教廉）集邑中耆儒9人为中宿耆英，采集诗词文献，朱德赞为耆英之一，乡人以其为荣。朱氏裔孙朱漱泉撰写的《德赞公事略》收录在《两岳朱家族谱·列传》内。

朱佐权（1828—1897） 又名朱以修，字翰琼，号策廷，上岳二十一世。六品职员，好读书，工为文，屡试不第，而志不少挫。清咸丰七年（1857），流寇巢润章等到上岳勒缴白银六百两，乡绅拒交，巢寇数百围攻上岳，朱佐权率乡勇卫邑，激战大半天力退流寇。清同治元年（1862），与族人倡建乡贤朝瑞朱公祠，组织百子银会筹款，不动用祖尝公产。乡邑中每有义举，族人均推其领头，他也竭诚尽职。道光三十年（1850）十月，清远县令马映阶带兵前往龙山关前圩剿匪，反被匪贼围困，朱佐权等带领两岳村乡勇200多人前往解救。事后由清远县衙赏给两岳村银圆2万元，并给4人赏六品顶戴功牌4方，朱佐权为受赏人之一。光绪十八年（1892）九月，他与族中绅耆组织修复科第名贤坊后，召集族人齐集祭祀，传为佳话。《两岳朱家族谱》收录佛冈县县长陈肇询（顺德人）为其撰写的传略，并收录其堂侄朱文澜撰写的《佐权尊叔祖像赞》："精神顽固，气宇轩昂。才尤夙羡，文武兼全。课孙训子，卓有义方。解纷排难，化及一乡。宜乎俾尔昌而炽，俾尔寿而臧。"

朱国贤（1836—1909） 字佐裕，上岳二十二世。身材魁梧，治家节俭力行，有长者风范。乡邑子弟在春节期间投壶赌博，喧闹无状，每见朱国贤到来，均四处走散。幼时家贫，弃读从耕，赡母恤弟，事无大小，悉以已任。艰苦创业数年，家业渐兴，积有余资，则买田建屋，与弟辈共谋家计，以身作则，不谋私利。教子弟读书，循言善导，以德育人。同时为人刚直，排解族人纠纷时分清曲直，族人钦佩其为人。朱氏裔孙朱文燎撰写的《显考佐裕府君传》收录在《两岳朱家族谱·列传》内。

朱佑汉（1904—1973） 又名汝汉，上岳二十六世。曾就读中央陆军军官学校，毕业后于1938年公费留学日本。在留学期间回乡探亲时，倡导乡亲开荒扩种，发展生产，改善生活。1942年回国，先后在云南飞机场、《湖北日报》编辑部任职，后被任命为滇缅铁路督办公署路警纵队上校督察。1946年回到广东，受训于韶关，后任广东省民政厅视察。1948年他在家乡倡建的普美学校建成，鼓励族人求学上进，普美学校此后一直为上岳村及邻村培育人才。1949年到台湾，后弃政到香港，在香港长洲一所公立学校受聘为校长。他离开家乡数十年，虽然在家乡的妻子来信劝他另娶，但他始终怀念家乡，不弃糟糠，一直单身独居，其妻也一直在上岳村守候他回家。朱佑汉 1973 年在香港病故，1979 年其骨灰运回家乡安葬。

◉ 名人与上岳

清末榜眼朱汝珍撰写《两岳朱氏族谱序》 朱汝珍（1870—1943），字玉堂，号聘三，又号隘园，清光绪三十年（1904）末科榜眼，授翰林院编修。

朱汝珍与两岳朱氏族人同为朱熹第二子朱野之后，有族源关系。朱汝珍在清远县城居住时，祖居距南门街的上岳朱氏科第名贤坊（朱璧、朱琳祖孙二人乡贤坊）很近，他曾到过该坊拜谒，后于光绪三十年（1904）因两岳为同宗之故到两岳，“见其父老淳而朴，其子弟秀而文”，在两岳浏览期间深有感受。1918 年，两岳族人发起编修《两岳朱家族谱》，朱汝珍以“南书房行走”身份在北京紫禁城从事《德宗实录》等史录工作。他十分关心和支持两岳族谱的编修工作，两岳族谱编辑主任朱云章邀其为族谱写序，遂于庚申年（1920）欣然命笔。序成，署名为“庚申三月朱汝珍撰”，1925 年两岳族谱付印时置于篇首，成为两岳之墨宝。

附：朱汝珍谒拜上岳祖祠①

> 清末榜眼朱汝珍与两岳族人同为朱熹后裔，听历代老人留传下来的话说，朱汝珍曾在清光绪甲辰年（1904）到过两岳。当时，他与在清远县城居住的朱氏族人四五人，从潖江口（潖江汇入北江处）登上小船后沿潖江逆水而上，再转岳溪后离船上岸。当时两岳族老绅耆三四十人，由乡人敲锣打鼓，奏起八音（一种民间笛子名称）到黄姜岩村迎接，场面十分隆重。接上岸后，大家簇拥着朱汝珍一行人先到下岳，拜谒过廉瑞朱公祠（朱莹祠）后，再乘小艇到上岳。在上岳村，他谒拜了乡贤朝瑞朱公祠（朱璧祠）。拜祠时，他毕恭毕敬地行三跪九叩礼，然后上香，整个过程庄严肃穆。朱汝珍敬重上岳先祖的仪态，

---

① 采访时间：2016 年 12 月 15 日；采访地点：上岳村；采访对象：上岳朱松龄、朱进初。

令围观的上岳朱氏族人为之深深感动。谒拜过宗祠后，他与两岳族老绅耆会谈了许久。朱汝珍和蔼可亲，在会谈中谈及他在清远县城见过的“科第名贤坊”的感受，还观看了两岳文士撰写的艺文。此后，他到上岳村察看村貌村风，与村民随机访谈，并到几户村民家中访谈。直到下午，朱汝珍一行才从原路回清远县城。

以上朱汝珍到上岳的事，我们曾多次听本族父老讲过。他们还说，为纪念朱汝珍这次拜访，由族中制作一块纪念牌匾挂在乡贤朝瑞朱公祠内墙上。牌匾长约80厘米，宽约50厘米，上书“朱汝珍”3个大字，两端各有一行小字。这个牌匾我们也亲眼见过，当时小字中的一个“拜”字还隐约可辨，其他的小字则难以辨认。这个牌匾在“文化大革命”期间被拆下来烧毁，真是太可惜了。

我们还听说，朱汝珍是很有族亲情的。这次到两岳祭祀宗祠，是他高中榜眼后回清远县城省亲期间特意到来的。此外，他还先后到佛冈三吉田以及高岗等地祭拜过朱氏宗祠，现在三八大墩村朱氏宗祠门前的旗杆石还刻有朱汝珍的名字，在吉田朱氏祠堂还保留有朱汝珍的题字。

陈诚题写普美学校校名　上岳村朱佑汉报考和就读黄埔军校。他在军校就读时与陈诚相识。朱佑汉在黄埔军校毕业后，1938年经广东省政府举荐到日本公费留学，至1942年毕业回国。他在家乡倡建普美学校，至1946年普美学校即将建成时，他专门拜谒陈诚。当时陈诚在广州暂住，应朱佑汉所请，提笔写了“普美学校”及“礼堂”两副条幅。朱佑汉回家乡后，把陈诚题的字按比例将每个字放大成30厘米×40厘米的字样，用黑粉镶在学校大门和礼堂门额。以上题字一直保存到2006年，因普美学校拆建而拆除。

五龙过脊（2013年） 宋抗壹 摄

大事纪略

上岳村因族人多，历史悠久，故历史事件繁多。其中两岳始祖朱文焕率兵抗元于北江，虽败犹荣，呈现出抗敌激战的英雄气概；明廷敕封朱璧、朱琳为“祖孙乡贤”，说明上岳村人爱国爱乡的情怀受到社会的尊崇；上岳（含下岳）乡勇赴清远县城抗清护邑，几乎全部战死，更使人感到壮怀激烈，倍加钦佩。此外，上岳村人抗日自卫、兴办学校、重修宗祠等事件，均从各个角度反映出上岳村保家卫国、尊师重教以及爱护文物、尊崇祖先的精神风貌。

◉ 宋代朱文焕率兵抗元

两岳始祖朱文焕官至宋大理寺评事。南宋祥兴元年（1278），朱文焕奉命招募义兵抗击元军，在广东的韶关筑城抵抗，韶关被元军攻破，他率军退至英德。祥兴二年（1279），在英德与清远交界的北江沿岸一带，朱文焕率领义军与元军在江面和陆地上展开激烈战斗，激战数日，宋军伤亡惨重，朱文焕也身负重伤，但仍在船上击鼓指挥抗击敌军，最后因寡不敌众，以身殉职。时朱文焕子朱继贤也随军参战，后将遗体背负至清远旧横石安葬。

◉ 明代敕封祖孙乡贤

明嘉靖七年（1528），上岳始祖朱璧及其孙朱琳由朝廷敕封为“祖孙乡贤”。朱璧曾任兵部主事，永乐二年（1404）补工部主政。他勤率营善，孝友彰闻，志行端洁。其孙朱琳于景泰四年（1453）任福建龙溪县知县，廉以持己，严以率属，尤加意恤民。两广总督林富于嘉靖七年（1528）上奏朝廷，朝廷为旌表祖孙二人政绩与德行，特下诏准许入祀乡贤祠，并设立牌

里前忆往昔（2016 年）

李协湖　摄

坊。其中乡贤朝瑞朱公祠（朱璧字朝瑞）和乡贤象山朱公祠（朱琳字象山）建在上岳村，并在清远县城南门大街建造旌表其祖孙两人的科第名贤坊。弘治年间（1488—1505），科第名贤坊建成，位于清远县城南门大街中道。此坊门额上横书“科第名贤”4 个大字，原定由宗师徐花农书，他因试务繁忙而移文谕邑侯（清远县令）刘汝霖手书。背面“诒谟绳武”4 个大字，由孝廉宋诠生手书。

◉ 抗清护邑

清顺治三年（1646）冬，清兵攻陷广州，准备继续进军清远县，清远县告急。官府上奏朝廷，南明朝廷封下岳人朱学熙为明翰林院待诏（秘书郎），特下诏命朱学熙死守清远县城。

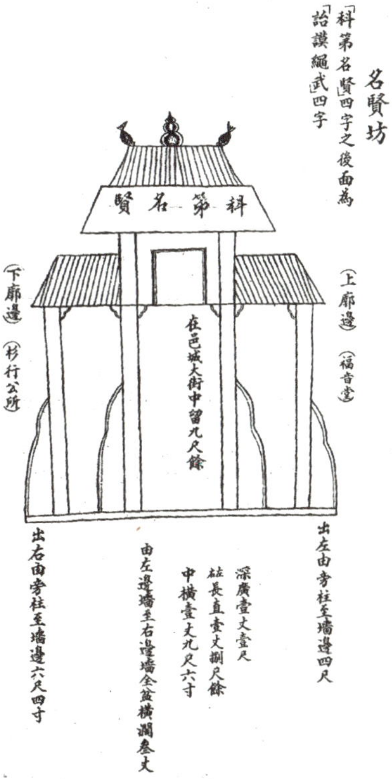

科第名贤坊复原图

录自《两岳朱家族谱·（续一卷）》

朱学熙应诏后，会同上岳朱应遴等义士与两岳族老共议，发动两岳青壮年 300 余人组成忠义军，会同滘江合族共 3000 多人急赴清远守城。清兵攻城时，朱学熙、朱应遴和清远守城将士昼夜坚守。清兵围城多日，城内将士缺衣少食，朱学熙与朱应遴倾尽家财，支持守城将士费用开支，以等待援兵的到来。后清兵势大，攻破城池，两岳忠义军与清兵展开巷战，最后终因粮械已尽，外援又绝，两岳忠义军大部分战死，只有少数生还者跟随朱学熙退入其家中青林草堂。退入草堂后，朱学熙取先人兵法书画焚毁后自缢。其时，朱应遴父子仍与清兵抗衡，后终因寡不敌众而力竭，夫妇两人在清远县城家中闭门殉节，其子朱裘伯则力战而死。这一役战况惨烈，清远县城守军 4 万余人，包括滘江合族 3000 余人及两岳忠义军 300 余人，绝大多数战死或自尽，几乎无人生还。南明永历二年（清顺治五年，1648）由明御史饶元横奏请明廷，下诏封赠朱学熙为翰林院学士，并谥封为忠愍公，准付国史馆立传并在死事地建专祠，由守士官岁时致祭。

◉ 清代平息土地归属争端

清乾隆末年，两岳曾因关前圩一带土地归属问题与人发生争执。滘江关前外铺屋以及石桥仔一带一直以来都是上岳、下岳的祖业，被秧坎埔一名土恶霸伪造地契，用簕竹（带刺的竹子）将该地团团围住而强行霸占，两岳多次制止不听。清光绪初年，两岳先派乡绅朱叔芳（名本毅）告到县衙。当时清远县县衙传双方当事人进行审理，由双方出具证据。经县衙审理查明：关前圩一带确属两岳祖业。清光绪九年（1883）二月二十四日，秧坎埔恶霸纠集 3000 多人，连续两天扬旗击鼓到高路向两岳挑战。两岳父老先行劝阻本村青年切莫冲动，后终因劝阻无效，两岳青年愤而前去迎战，结果秧坎埔的人因惧怕而四散逃走。三月初，秧坎埔到外地纠集 1000 多人，趁两岳村无防备之机分两路袭向两岳。两岳父老们决定以逸待劳，闭门护卫。后两岳子弟忍无可忍，集数百人两路迎击，结果打败对方，把对方追回秧坎埔。为平息事态，朱氏监生朱兆鹏、父老朱日联到县衙请求处理。县衙升堂召双方到来宣布："水流以东为朱姓地，以西为秧坎埔诸姓地。"秧坎埔人不肯签字。第二天再审时县衙宣布："如不肯签字，此地一律充公。"然后令书吏写一纸结文，强迫大家签字，最后这场争端暂时平息。

◉ 清代昏官横行两岳遭劫

两岳与关前圩土地归属争端虽经清远县衙强判暂时平息，但秧坎埔恶霸仍然不服。在强判的清光绪九年（1883）五月二十二日汤塘周姓与高滩谭姓械斗，清远县令罗炜亲到弹压。五月二十五日回关前社学堂时，因误信秧坎埔恶霸的一面之词，罗炜偕同浥江司将石界碑竖起，将判给两岳的土地又圈给秧坎铺。两岳乡绅闻讯后到现场求情，要求勘查核实。当日正逢圩日，两岳有很多趁圩族人涌到现场观看。罗炜见有众多两岳人，误认为两岳人要闹事谋害县官，急携护卫回县城。回县城后，罗炜将情况禀报督司，要求派兵剿办。六月初八，罗炜率官兵1800多人到上岳、下岳弹压，并张贴告示，诬说上岳、下岳人想造反。当时两岳人人深感冤枉，有不少人想集中对抗官兵，后由两岳乡绅族老强行制止。数千村民只好忍气吞声，走散他乡避难，只留下几名乡绅在村应付。村民走后，罗炜纵容兵差对全村进行抢掠，无论是谷米、衣服、书籍、书画、古玩等物均被洗劫一空，连田里成熟的稻谷也被割掉。由于两岳村民四散出走，罗炜抓不到人，不好销案，于是强迫乡绅缴枪。乡绅无枪可缴，只好找到5支破旧枪械，连同一面团练旗缴交。这时罗炜仍不解恨，命兵差放火烧屋，连烧数十间民房后才肯离开。此段史实，后被村民称为“昏官横行两岳遭劫”。

◉ 清代两岳乡勇退敌护村

清道光三十年（1850）七月，长宁（今新丰县）黄毛五率流寇数百人与英德邓十富、周亚华会合，数千人占据关前圩（在今龙山镇），遣骑拥众围攻上岳。围墙垂陷，下岳绅耆率乡勇数百及时往救，上岳得以解围。过两日，上岳乡勇与流寇大战，黄毛五等部败退至九子岭（今汤塘九岭村），向吉河北撤。

◉ 清代重修科第名贤坊

科第名贤坊建成后，经年累月风吹雨打，至清康熙中期（1662—1722），该坊梁柱倾斜。康熙四十六年（1707），清远县令汪苕文谕两岳重修，两岳父老发出倡议准备施工时，因村中有事而未实行。咸丰年间（1851—1861），清远县令程兆桂专函促两岳重修。于是两岳绅耆朱德赞等集合族众商议，筹得维修银3000多两，到清远上廓连昌石店联系开凿石柱事宜，并交订银10两。后因上岳白坭迳佃户抗租事急需处理，修坊工程再次中止。至光绪初年（1875），科第名贤坊因年代久远没有维修，终于倒塌，该地仅存遗柱。

清光绪十八年（1892），两岳童儒数十人赴清远应试，见有人在此摆卖杂物，恐日久遗忘，归告两岳族老绅耆，一并商议重修牌坊。计划拟定并择吉日兴工时，却被白米埔生员朱耀垣争占，诬称为其先祖朱稚进士坊。两岳禀之于官，并推朱翟亨等人与之理论，县衙不敢断。之后曾两讼于广东巡抚，最后判两岳胜诉。其批文有“朱耀垣身列胶庠，自应读书明理，胆敢争占名贤坊，诬为伊祖之坊，是可忍，孰不可忍”之句。旋移批文到清远，判还给两岳朱氏重修。清远县衙于光绪十八年（1892）七月二十日在县城四个城门张贴告示，责令科第名贤坊原址前后左右各铺宅（分别为康宅、李宅、三隆广昌、联合）不得阻挠。科第名贤坊自光绪二十年（1894）三月兴修，至八月告竣。其时两岳族老绅耆择吉日，于当年九月二十八日开光祭祖。是日，朱氏族人衣冠整洁，用仪仗、八音（乐器）恭抵科第名贤坊行礼。时有贺客数百，遂设宴十桌款待嘉宾，声势浩大，清远县城为之轰动。其后，在清远县城居住的清末榜眼朱汝珍曾多次到科第名贤坊拜谒。此后在民国期间，因时局混乱、战乱频发，该坊遭到毁坏，遗址不存。

◉ 抗日自卫

1938年冬，上岳、下岳一带遭日军飞机轰炸，其中上岳的敦厚里、朝瑞朱公祠、黄泥塘（地名）以及下岳的南兴里、堂心里等均受创严重，上岳村民死伤十多人。1939年年初，上岳青年踊跃参加中共湛江地方组织领导的抗日先锋队，并组织成立仁安乡（包括上岳、下岳、粮头埔等村）抗日自卫队，由族人捐款配备机枪3挺、步枪20多支。1940年12月，日军300多人侵犯从化鳌头，自卫队配合国民革命军152师911团，在蔗园击退日军。1942年5月和11月，先后4次迎击日军。其中一次是日军70多人窜到下岳村，由自卫队单独击退，并在战斗中活捉1名日本军官，押解到当时驻龙南石脚下村的国民革命军62军军部。

◉ 1936 年创建普美学校

上岳村曾在 1932 年办有象贤初小和普美初小，但规模很小，不能满足子弟就读需要。一个大村庄没有一间像样的学校，令两岳族人十分不安。在族人朱佑汉的倡议下，于 1936 年开始筹建普美学校，地址选在黄姜岩与秧坎咀之间地带。筹建新校倡议一出，族人热情高涨。其中，该村的开明绅士朱庆忠将准备为自家建房子的所有青砖及大部分杉木捐献出来；朱桂源宁愿住茅寮，也将自己筹备建住宅的青砖无偿献出；茂生堂朱润庭、朱佐坤、朱桂源等兄弟叔伯一致同意将几亩旱田无偿献出作建校用。建校不足的资金则由族内公尝与殷实户捐谷、捐银筹集。在全族老少同心协力之下，1948 年一所占地面积 2500 平方米的四合院式的全新学校建成了。这是当时湛江地区规模最大、设备最完善的乡间小学。

1949 年以后，将普美学校更名为上岳小学。由于各级政府对教育的重视和村民生活水平的不断提高，学生人数不断增多，为解决学校校舍明显不足的问题，采取国家资助、生产队派人力的办法扩建校舍。但由于当时的条件所限，扩建的校舍都是泥砖或火砖瓦木结构平房。1990—1993 年，通过各级政府财政投入和学校向学生收取教育

民国时期所建普美学校的复原图　　录自《两岳朱家族谱·（续一卷）》

费附加、建校费等途径筹集资金，先后建成两幢砖混结构、楼高三层的教学楼。2006年，开展校舍危房改造，通过上级专项资金和承建商垫资的办法筹集建设经费，拆除原四合院式的校舍，并在原地西北面建成一幢混凝土框架结构、楼高四层、建筑面积达1500平方米的综合大楼，较好地解决功能场室及教师办公用房。同年，又建成一幢较为规范的教师办公楼。2007年经佛冈县人民政府批准，上岳小学恢复原“普美学校”校名。2007—2008年，在整合教育资源、调整学校布局时，从化围小学及下迳小学并入普美学校。

在普美学校的创建和发展过程中，得到朱氏族人、校友和社会各界的关心支持，许多热心人士先后为学校捐资捐物，体现尊师重教的精神。2012年10月27日，上岳普美学校举办建校80周年庆典活动。至2015年，普美学校总面积13434平方米，教学楼、教工宿舍楼建筑面积3300平方米，有1～6年级共21个教学班，有教职工40人，学生902人。

1948年建成的普美学校
录自《两岳朱家族谱·（续一卷）》

2015年的普美学校　　朱家佑　摄

校庆主席台（2012年）　　宋抗壹　摄

载歌载舞扬激情（2012年）　　宋抗壹　摄

◉ 分田到户

1981 年 7 月，中共佛冈县委农村部印发《关于加强和完善包干到户生产责任制若干问题的意见》，在全县推行包干到户生产责任制，后来统一称为“家庭联产承包责任制”。因责任制以分田到户为主，故上岳村民把责任制称为“分田到户”。

分田到户工作启动时，上岳全体村民以各自然村为单位开展田地丈量、造册上报工作，只用十多天时间，就把耕地（包括水田、旱地）落实到各家各户。这次分田到户，结束自 50 年代后期以来以集体耕作为主的形式，被上岳村民称为“第二次土改分田”。当年分田到户宣布承包期为 15 年，1999 年 1 月，上岳村按照全县的部署开展第二轮土地承包工作，延长承包期 30 年，另对山林承包期延长 50 年。

◉ 族人齐心护古墓

1986 年，京广铁路双线改造，清远地段的工程承包方要将朱文焕墓铲去以建工人的住宿、办公厂棚。两岳族人发现后，亲临现场坚决制止，墓地因此安然无恙。2001 年，朱文焕墓附近的村民要将墓地夷平种植砂糖橘。两岳朱氏族人及时赶到现场进行制止，墓地最终得以保存。

以上两次护墓事件，使朱文焕后裔激发起保护古墓的决心。2002 年 5 月 12 日，来自清远、佛冈、花都、广州、台山、恩平等地的朱文焕后裔，在广州仁和镇兔冈村召开重修朱文焕古墓会议，并成立重修古墓理事会，并向市、县有关单位提出保护文物古迹的申请。2004 年获得清新县的批复。

2003 年 4 月 2 日，维修古墓理事会在清新县升平镇古墓现场召开。会议由常务副会长朱树棠主持，会长朱培坤作讲话和布置，集体作出维修古墓两项决议，并发出捐款倡议书。会后，族人踊跃捐款，共筹得重修墓园资金 40 多万元。

2006 年，首期维修工程基本完成。朱文焕古墓前的护坡种上柏树，墓前建有停车场，墓侧竖有碑记，一幢两层的抗元英雄朱文焕纪念馆竣工。从竣工的第一天起，族人朱伟流就住在这里，悉心管理墓园。2010 年由清新县人民政府申报朱文焕古墓为广东省文物保护单位。

◉ 砂糖橘产业的兴衰

90 年代后期引进并迅速铺开的特色产品砂糖橘曾是上岳村乃至佛冈县的经济支柱，为上岳村民带来巨大的经济效益，对上岳村容村貌人居环境、交通状况的改善都起到重要的作用。一些种植大户，单项年收入可达 50 万元以上，最大的种植户种植面积超百亩，年收入最高超过 70 万元，上岳村民过上红火的日子。

2011 年起，生机勃勃、茂盛婆娑的砂糖橘果树，原本常年墨绿油亮的叶子开始出现锈迹斑点，继而发黄，树上挂着的果实有些即便过成熟期也还是青的，而且果实比往年小得多。这种情况人们起初还不重视，只是例行喷些杀菌的农药。到 2012 年，情况严重多了，发黄的树叶到处可见，成熟期到了，可不少果树仍有近半的果实是又小又青，就像永远长不大似的。人们好奇地扒开树下的泥土，结果发现，凡是树叶发黄的果树，树根都是枯死腐烂的。村民们开始喷洒各种各样的药物，有的农户干脆把发黄的果树砍掉，补种上小果苗。但任何药物对这种病都无济于事，情况不仅丝毫没有好转，而且病情不可遏止地迅速蔓延开来。到 2013 年，上岳村昔日一派墨绿、人见人爱的砂糖橘，竟然或满树枯黄，或枝叶凋零，一片病态。到年底成熟期，虽然树上仍有不少的果实，但没几个是成熟的。

砂糖橘患上“黄龙病”，其病情蔓延速度之快、传播范围之广，是人们始料不及的，而且，还没听说有能防治“黄龙病”的有效药物。短短几年时间，不仅上岳村的砂糖橘全部毁灭枯死，遍种整个佛冈县各乡各村的砂糖橘也寥寥无几了。

◉ 重修朴山朱公祠

2014 年 5 月，鉴于龙卷风毁损朴山朱公祠部分设施的情况，朱朴山族裔组织重修宗祠事宜，主要修复被毁的设施，并对宗祠神台进行重修。为做好重修工作，由朱朴山族裔成立朴山朱公祠重修活动组委会，由朱日林担任主任，组委会内设秘书、筹资、组织、接待、生活、安全、检查 7 个小组，并发出《修缮朴山朱公祠募捐倡议书》。经组织发动，这次重修朴山朱公祠，捐款人士有朱朴山后裔（四美族系）、出嫁女、同宗兄弟及花都朱村等族人，包括个人 409 人，族村及族系祖 14 个，募集捐款共 21 万多元。

醒狮拜宗祠（2014 年）　　宋抗壹　摄

朱日林在庆典活动中讲话（2014 年）　　宋抗壹　摄

2014年11月7—8日，在上岳横围朴山朱公祠举办重修竣工庆典活动。在活动现场，除组委会主办人及各方族系代表发表热情洋溢的讲话外，还组织醒狮表演、燃放鞭炮、文娱歌舞等，然后由族系依次拜祭上香，场面热烈，激动人心。

重修后的宗祠神台（2014 年）　　宋抗壹　摄

敬老茶话会现场（2015 年）　　宋抗壹　摄

◉ 重阳敬老茶话会

据《两岳朱家族谱》记载，上岳朱氏族人十分重视遵守族规、乡规，讲究礼、德、孝、信。族谱中《柏庐公劝言四则》有："孩提之童，无不知爱其亲；及其长也，无不知敬其兄。"可知孝亲悌长，是天性中事。所谓"百善孝为先"，尊老敬老是上岳朱氏族人的优良传统。

2015 年，上岳横国片举办重阳敬老茶话会。9 月 20 日成立横国片敬老活动理事会，研究举办重阳敬老茶话会事宜。理事会设顾问、理事长、副理事长、秘书、财务等机构，分工开展经费募捐及组织工作。

10 月 17 日，重阳敬老茶话会在朴山朱公祠举行，朱朴山裔系 60 岁以上的在家老人共 50 多人参加茶话会。在活动中，敬老活动理事会理事长、副理事长分别讲话，然后组织上香祭祖仪式和合影留念。老人们和参加活动的人员共进晚餐。晚餐后，敬老活动文艺表演晚会为佛冈县 2015 年送戏下乡演出戏曲专场，由县委、县政府主办，县文化广电新闻出版局承办。表演结束，敬老活动茶话会落下帷幕。

◉ 重修朴山朱公墓

2015年12月，由朱朴山族裔代表召开会议，研究朴山朱公墓重修工作，并成立朴山朱公墓重修工作理事会。设顾问、会长、常务副会长、副会长、秘书长、副秘书长、委员，并设筹资、开支及审核、施工技术、财务监督等职能组。同时，以理事会名义发出《朴山朱公墓重修倡议书》，规定募集捐款办法。此次重修朴山朱公墓，参加集资捐款人数共338人，总捐款12万多元。

2016年3月12日，举行朴山朱公墓（与黄、谢儒人同葬墓）重修竣工祭拜仪式。仪式由朱松龄唱读祭拜口令，全体人员三鞠躬后，由各房系自行组织烧香祭拜。在重修朴山朱公墓并举办重修竣工祭拜仪式中，做到严格分工负责，广泛发动，组织严密，秩序井然，体现出上岳村族人敬祖遵训的精神。

◉ 主要参考文献

1. 佛冈县地方志编纂委员会编 :《佛冈县志》，中华书局，2003 年。

2. 佛冈史志办公室编 :《佛冈古村落》，中州古籍出版社，2015 年。

◉ 编纂始末

《上岳村志》编纂工作按照中国地方志指导小组办公室《关于印发〈中国名村志文化工程实施方案〉的通知》和广东省人民政府地方志办公室、清远市史志办公室的部署，组成编委会和编辑部开展。编委会顾问由省、市方志部门领导及佛冈县委主要领导担任，学术顾问由特聘人士担任，主任由佛冈县县长担任，副主任由县分管史志工作的领导担任。佛冈县史志办公室主任、副主任、编审分别担任主编、副主编和执行主编，佛冈县史志办公室人员、龙山镇政府和上岳村委干部以及聘请的同志担任编辑。

村志编纂工作于 2016 年 11 月启动。12 月 19 日，县政府召开中国名村志《上岳村志》编纂工作会议，专题研究部署上岳村志编纂工作。编纂工作按照《中国名村志丛书凡例（草案）》《中国名村志丛书行文通则》的规定，并参考《中国名村志基本篇目》进行。在编纂过程中，省、市地方志部门领导多次到佛冈，对编纂工作加强业务指导。佛冈县政府及佛冈县史志办公室多次会同龙山镇和上岳村委召开编纂工作会议、编纂工作座谈会研究部署，落实相关责任开展编纂工作。经过两个多月开展调查、采访、收集和整理资料等一系列工作，形成初稿后，于 2017 年 2 月起把村志送审稿逐级报送市、省地方志部门审核。省政府地方志办公室于 5 月 31 日召开《上岳村志》审查验收会议，由编辑部根据会议提出的修改意见修改后报送中国地方志指导小组审验。

为做好村志材料的调查、收集和查证工作，由编委会挑选上岳村籍干部、老年村民及聘请退休教师作为资料员，在编辑人员的指导下开展工作。同时，采取向专业人士征集、编辑部组织拍摄等办法收集照片，确保在收集的照片中无版权或肖像权争议。因本书中所选照片及诗词文章众多，部分作品未能在出版前及时联系到著作权人，请著作权人看到后与我们联系，我们将奉上稿酬。

本村志在编纂过程中查阅县档案馆、龙山镇和上岳村委档案室的档案资料，通过查阅资料、调查采访等方式收集相关资料，丰富村志内容。在各级和各方面的协作配合下，村志编纂工作顺利进行并取得相应成果。在此，对所有关心支持村志编纂工作的单位和人士表示衷心的感谢。

编　者

2017 年 8 月 20 日